Südfrankreich

Südfrankreich

Provence · Côte d’Azur · Languedoc · Roussillon

Fotografie: Martin Thomas
Text: Thorsten Droste · Alfred Pletsch

cormoran

Bildkonzeption: Axel Schenck, Martin Thomas
Lektorat: Katrin Ritter
Bilddokumentation: Ursula Binder
Graphische Gestaltung: Peter Schmid

Umschlagabbildungen: Ebene bei Romans (Vorderseite)
Der Pont du Gard bei Remoulins (Rückseite)
Haupttitel: Romanische Kapelle Saint-Sixte bei Eygalières, Alpilles

Gesamtherstellung: Angelika Kerscher
Printed in Germany
ISBN 3-86047-312-3

Inhalt

Bildkapitel
16 Provence
56 Camargue
80 Languedoc
120 Roussillon
144 Côte d'Azur
184 Haute-Provence · Alpes-Maritimes

Textkapitel
Thorsten Droste
6 Geschichte und Kunst Südfrankreichs
6 Provence und Languedoc: Drehscheibe der Völker
9 Pax Romana
41 Zeit der Völkerwanderung: Niedergang und Neubeginn
44 Kulturelle Blütezeit: Die Romanik
55 Die Kunst der Gotik: Sprachrohr der Politik
66 Das Babylonische Exil: Die Päpste in Avignon
68 Renaissance und Barock
70 Im Bann des Midi: Die Kunst des 20. Jahrhunderts

Alfred Pletsch
97 Der Midi – natürliche Gegebenheiten und Landschaften
109 Der Fremdenverkehr:
Vom Luxuskurbetrieb zum Massentourismus

Thorsten Droste
130 Eine literarische Reise durch Südfrankreich

Thorsten Droste
201 Sehenswerte Orte und kulturelle Stätten
in Südfrankreich von A bis Z
201 Provence und Côte d'Azur
220 Languedoc und Roussillon

234 Karte
236 Register
240 Quellennachweis
240 Bildnachweis

Thorsten Droste

Geschichte und Kunst Südfrankreichs

Provence und Languedoc: Drehscheibe der Völker

Le Midi – das mediterrane Frankreich von den Alpen bis ins Pyrenäenvorland – besitzt als eine der geschichtsträchtigsten Kulturlandschaften Europas magische Anziehungskraft. Dem Reisenden ist das Ambiente, in dem sich Kunst, die Verlockungen der Küche und die wechselvolle Szenerie der Natur zu einem facettenreichen Gesamterlebnis verdichten, zum Inbegriff des *savoir vivre* geworden. Einen wesentlichen Teil dieser Faszination macht die Lückenlosigkeit aus, mit der sich alle Epochen der europäischen Geschichte vor dem Betrachter auffächern.

Lenkt man allerdings den Blick auf die Anfänge menschlichen Lebens im Südosten und mittleren Süden des heutigen Frankreichs, so fällt, verglichen mit dem Südwesten des Landes (Aquitanien, der atlantische Süden) die dünne Streuung von Zeugnissen aus prähistorischer Zeit auf. Einem engmaschigen Netz von Höhlen mit steinzeitlichen Kunstwerken – Felszeichnungen, polychromen Bildern, Skulpturen und geschnitzten Knochen – in den Tälern der Vézère, der Dordogne und des Lot (in den Landschaften Périgord und Quercy) sowie in den mittleren und westlichen Pyrenäen steht eine nur geringe Zahl von vergleichbaren Fundstätten im Bereich von Languedoc und Provence gegenüber. Der Grund dafür liegt auf der Hand: Die zerklüfteten Gebirge der Haute-Provence und der Cevennen boten den nomadisierenden Jägern des Paläolithikums einen ebenso wenig passablen Lebensraum wie die Ebenen entlang dem Küstengürtel, die zum Teil noch bis in das Mittelalter auf weite Strecken versumpft waren.

Steinzeitliche Bilder in der (der Öffentlichkeit nicht zugänglichen) Höhle Baume-Latrone, die 1940 nahe dem Pont du Gard entdeckt wurde, mit Darstellungen von Elefanten, einem Rhinozeros und einer Schlange sowie einige kleinere Höhlen, die in den Schluchten der Ardèche gefunden wurden, verdeutlichen jedoch hinreichend, daß menschliche Besiedlung und erste kulturelle Äußerungen im mediterranen Frankreich bis in die Frühzeit des Homo sapiens zurückreichen.

Einen regelrechten «Kultursprung» muß es im Neolithikum gegeben haben (ca. 4500 v. Chr. bis 1800 v. Chr.). Schon zuvor, in der Epoche des Mesolithikums (ca. 10 000 bis 4500 v. Chr.) hatte sich der Wandel von der Jäger- zur Hirten- und Ackerbauernkultur schrittweise vollzogen. Der Mensch lernte, wildlebende Tiere zu domestizieren und mit Vorräten zu wirtschaften. Als Folge entwickelte sich ein differenzierter Kult, der besonders im Bestattungsritus faßbar geworden ist. Allein in den Départements Ardèche, Gard, Hérault und Lozère sind mehr als eintausend Dolmen (Hühnengräber) bekannt. Der größte von allen, der Dolmen Pierre de la Fée, befindet sich bei Draguignan im Département Var. Noch vor der Wende vom fünften auf das vierte Jahrtausend v. Chr. tritt die Keramik auf.

Zwar fehlt es an schriftlicher Überlieferung, doch sprechen die Funde aus zahllosen archäologischen Grabungen eine deutliche Sprache. So scheint es die Bestimmung des Midi gewesen zu sein, schon in grauer Vorzeit als «Drehscheibe» der Völker zu dienen.

Um das Jahr 1000 v. Chr. wogte die erste keltische Besiedlungswelle nach Südfrankreich, der in Abständen noch weitere folgten. Von Osten gelangten Ligurer in die Provence, von Westen zogen Iberer in die Languedoc und spätestens seit dem 7. Jahrhundert v. Chr. gründeten die Griechen und Phönizier ihre Kolonien entlang dem Küstensaum zwischen

Das in der zweiten Hälfte des 1. Jahrhunderts erbaute Amphitheater in Arles bot ursprünglich schätzungsweise 26 000 Zuschauern Platz.

Reste der römischen Thermenanlagen in Cimiez, einem Villenvorort von Nizza.

Alpen und Pyrenäen. Überraschend an diesen unterschiedlichen Landnahmen ist die Tatsache, daß sie sich weitgehend friedlich vollzogen zu haben scheinen. Entsprechend konnte es zu völkischen Vermischungen kommen, so daß man von Keltoligurern im Osten und Keltiberern im Westen spricht. Die kulturelle und nicht zuletzt die militärische Überlegenheit der Griechen hätte zu Konfrontation und Überfremdung führen können. Doch das Gegenteil ist der Fall. Da den Griechen an einem Ausbau ihrer Handelsbeziehungen und nicht an Landgewinn gelegen war, entwickelte sich eine für alle Beteiligten vorteilhafte Koexistenz. Eine treibende Kraft waren die Rhodier. Sie entdeckten das Tal der Rhône, die nach ihnen ihren Namen tragen soll, als den natürlichen Weg nach Norden. Über das Rhône-Saône-Becken und die Tiefebene der Ile de France war alsbald die Festlandsbrücke zu den britischen Inseln geschlagen, von denen die Griechen das begehrte Zinn bezogen. Die Ägineten waren die ersten, die bereits im 7. Jahrhundert v. Chr. Münzen aus britischen Erzen schlugen. Einen Meilenstein in der griechischen Kolonisation Südfrankreichs markiert das Jahr 600 v. Chr., als die Phokäer aus Kleinasien vor der persischen Expansion flüchteten und sich an der Küste der Provence nach neuem Lebensraum umsahen. Sie gründeten Massalia (Marseille), das zur Mutterkolonie weiterer griechischer Siedlungen entlang der Mittelmeerküste werden sollte. Alsbald blühten die Häfen von Nikäa (Nizza), Antipolis (Antibes), Agathä (Agde) und anderen Orten auf. Entlang dem Handelsweg entstanden nun auch im Landesinnern befestigte Plätze wie etwa Glanon (Saint-Rémy). Das Leben des seereisenden Phyteas bietet ein symbolkräftiges Bild der Epoche: Als eine der ersten großen Entdeckerpersönlichkeiten Europas unternahm er im 4. Jahrhundert v. Chr. von Marseille aus Expeditionen entlang der Atlantikküste Spaniens und Frankreichs; sein Weg führte ihn über die Shetland- und Orkney-Inseln bis nach Island.

Die Berührung zwischen Kelten und Griechen hat das Land für alle Zeiten geprägt: Dank der Griechen wurden Rebstock und Ölbaum in Südfrankreich heimisch, die autochthone Bevölkerung kannte schon Jahrhunderte vor den Stämmen des mittleren und

Vermutlich zu einem Tempel der römischen Kolonie Julia Augusta Apollinaris Reiorum gehören die noch erhaltenen Säulen in Riez in der Haute-Provence.

nördlichen Frankreichs das Münzwesen und, als vielleicht nachhaltigste Kulturleistung, die Anlage befestigter Städte. Wenn auch die Römer später die Keltensiedlungen systematisch vernichteten, belegen doch die Beispiele von Ensérune und Entremont, wie die keltische Bevölkerung sich seit dem 5. Jahrhundert v. Chr. organisierte Siedlungen aus Stein zu bauen begonnen hatte. Obwohl der Süden in späteren Jahrhunderten die «Gängelung» durch den Norden hinnehmen mußte, ist bis heute im Bewußtsein der Menschen Südfrankreichs ein Gefühl der Überlegenheit lebendig geblieben, dessen Wurzeln in jene Zeit zurückreichen, als Südfrankreich die Begegnung und Durchdringung mit griechisch-humanistischem Geist erfuhr.

Pax Romana

Mit einer erneuten keltischen Wanderungswelle um die Wende vom dritten auf das zweite vorchristliche Jahrhundert endete die Epoche der weitgehend aggressionsfreien Koexistenz zwischen Keltoligurern und Griechen. Inzwischen hatten sich tiefgreifende Verschiebungen auf der welthistorischen Bühne vollzogen: Nachdem sich das aufstrebende römische Imperium durch Erbfolge, taktisches Kalkül und militärische Überlegenheit bereits im östlichen Mittelmeerraum die Vorherrschaft hatte sichern können, führte der Sieg über die phönizischen Karthager im zweiten Punischen Krieg zur Vormachtstellung der Römer auch im westlichen Mittelmeer. Karthago hatte nach der Niederlage Hannibals bei Zama (202 v. Chr.) seine spanischen Besitzungen an Rom abtreten müssen. An diesem Erfolg der Römer waren die Massalioten, die sich Rom als erfolgreiche Bundesgenossen gegen die verhaßten Phönizier angedient hatten, nicht unmaßgeblich beteiligt.

Als das Heeresaufgebot des Konsuls Lucius Baebius, dem man die Statthalterschaft über die neue Provinz Hispania übertragen hatte, durch die Provence zog, kam es zur nicht

Die Mitte des 19. Jahrhunderts errichtete Fontaine de la Rotonde auf der Place du Général de Gaulle in Aix-en-Provence.

vorhersehbaren Katastrophe. Die Legionen des Baebius wurden, wie rund zweihundert Jahre später jene des Varro im Teutoburger Wald, bis auf den letzten Mann von streitbaren Kelten niedergemacht. Dieser bitteren Lektion sollten alsbald weitere folgen. Immer wieder unternahmen die Stämme der Oxybier, Deceaten und Saluvier Übergriffe auf griechische Städte, römische Karawanen, Handelsreisende und Schiffe, was wiederholte, aber offenbar wenig wirkungsvolle Vergeltungsschläge von römischer Seite zur Folge hatte. Im Jahr 125 v. Chr. war das Maß voll. Ein erneuter Schlag der Saluvier gegen Massalia machte den Römern nachhaltig deutlich, daß mit gelegentlichen Expeditionen allein die wichtige Landbrücke zwischen Oberitalien und Nordspanien, nicht zu sichern war. Eine weitere Überlegung mag sie dazu bewogen haben, nun nachdrücklich durchzugreifen. In den 120er Jahren v. Chr. war Rom über der Frage einer dringend notwendig gewordenen Landreform in den Strudel der Bürgerkriege gestürzt. Die Neuverteilung des Landbesitzes zugunsten einer immens angewachsenen Zahl entrechteter ehemaliger Bauern war zur zwingenden Notwendigkeit geworden. In Italien selbst fehlte es indes an dem dafür erforderlichen Boden, denn die zu unermeßlichem Reichtum gelangten Großgrundbesitzer hatten ihre Privilegien erfolgreich gegen die Reformbemühungen der Brüder Gracchus verteidigen können. Zur Motivation, die aufrührerischen Kelten zur Räson zu bringen, gesellte sich also der Wunsch nach Landgewinn. Es ist gewiß kein Zufall, daß gerade Konsul Marcus Fulvius Flaccus, mit dem 125 v. Chr. die gewaltsame römische Landnahme des südlichen Galliens begann, ein treuer Parteigänger der Gracchen war. Nachdem der Vormarsch des Flaccus anfangs gebremst worden war, gelang es erst seinem Nachfolger, Gaius Sextius Calvinus, den entscheidenden Schlag gegen die Saluvier zu führen: 124 v. Chr. fiel deren wichtigste Siedlung, Entremont, die die Eroberer dem Erdboden gleich machten.

Als sichtbaren Ausdruck für ihren Willen, sich dauerhaft als neue Herren des Landes zu etablieren, gründeten die Invasoren nahe der von der Landkarte getilgten Siedlung die Colonia Aquae Sextiae, das spätere Aix-en-Provence. Gemäß ihrer bewährten Devise

Fortsetzung Seite 15

Bronzestatue des Augustus an der Porte d'Auguste in Nîmes.

Nächste Doppelseite: Das von der weiten Place des Arènes umgebene römische Amphitheater in der Innenstadt von Nîmes.

SO DIS
RHO
SO DIS
SO DIS
BAR DE LA BOURSE
GRAND CAFÉ DE LA BOURSE

Narbonne, die einstige Hauptstadt der römischen Provinz Gallia Narbonensis, ist heute eines der modernen Wirtschaftszentren der Languedoc.

des *divide et impera*, wonach man offenbar wenig geneigt war, den einstigen Verbündeten, den Griechen von Massalia, besondere Privilegien einzuräumen, wurde die neue Colonia Narbo Martius (Narbonne) zur Hauptstadt der ersten römischen Provinz in Gallien erhoben.

Angesichts der Fülle römischer Denkmäler in Südfrankreich wird man sich verwundert fragen, warum diese samt und sonders erst der Kaiserzeit entstammen. Zunächst, während der letzten Jahrzehnte ihrer immer brüchiger werdenden Republik, waren die Römer durch vordringlichere Aufgaben als den Städtebau in Anspruch genommen. War ihnen die Provincia Gallia Narbonensis anfangs wie eine reife Frucht in den Schoß gefallen, mußten sie alsbald den neuen Besitz an unterschiedlichen Fronten verteidigen. 105 v. Chr. gab ihnen der Durchzug der Kimbern und Teutonen durch Südfrankreich einen Vorgeschmack auf jene Ereignisse, die ein halbes Jahrtausend später zum Zusammenbruch des Imperiums führen sollten. 102 v. Chr. gelang es Marius unter größten Anstrengungen, die Teutonen östlich von Aquae Sextiae vernichtend zu schlagen (die Kimbern wurden wenig später in Oberitalien aufgerieben). Bis zur Mitte des letzten vorchristlichen Jahrhunderts kam es wiederholt zu Erhebungen, die Rom mit unerbittlicher Härte niederschlug. Die Ausrottung der Saluvier durch Pompeius etwa besitzt die Dimension des systematischen Völkermords. Bevor man sich also daran machen konnte, die Städte auszubauen, waren die Sicherung der Provinz und vor allem der Ausbau des Straßennetzes die vordringlichsten Aufgaben. Schon wenige Jahre nach der Gründung Aquae Sextiaes und der Colonia Narbo Martius legte Gnaius Domitius Ahenobarbus den Grundstein zu der nach ihm benannten Via Domitia, der wichtigen Verkehrsader von Osten nach Westen. Sie stellte die Verbindung zur Via Aurelia nach Norditalien her. Das Pendant in Nord-Süd-Richtung, die Via Agrippa, folgte einige Jahrzehnte später. Sie verband die Städte der Provence mit Vienne und Lyon im oberen Rhônetal. Als 58 v. Chr. Gaius Julius Cäsar in das nördliche Gallien aufbrach, war der Süden so weit «befriedet» und verkehrstechnisch erschlossen, daß er dem machthungrigen Feldherrn eine solide Ausgangsbasis für seine Eroberungsfeldzüge bot.

Erst mit dem Beginn der Kaiserzeit sollte, wie praktisch für das gesamte Imperium, eine Epoche der Stabilität und des kulturellen Aufblühens anheben. Vorausgegangen war die Auseinandersetzung zwischen Marc Anton, der das Ziel eines von Rom unabhängigen Reiches im Osten mit Ägypten als Zentrum verfolgt hatte, und Cäsar Oktavian, dem nachmaligen Kaiser Augustus. Das Ringen der beiden Kontrahenten fand in der Schlacht von Aktium 31 v. Chr. seinen Abschluß. Die Veteranen aus diesem Feldzug gegen die ägyptischen Truppen der Königin Kleopatra, die unter dem Befehl Marc Antons standen, wurden in der Colonia Nemausus (Nîmes) angesiedelt. Noch heute erinnert das Bild eines an eine Palme geketteten Krokodils im Wappen von Nîmes an die historischen Zusammenhänge, die zur Gründung der Stadt geführt hatten.

Fast gleichzeitig wurden nun zahlreiche Provinzstädte, die zuvor lediglich offene Siedlungsplätze gewesen waren, zu befestigten Städten ausgebaut. Dabei gingen die Römer in der Regel nach einem einheitlichen Muster vor, indem sie das Prinzip des Castrums (Heerlager) auf die Stadtbauweise übertrugen: Man umfriedete ein weit gezogenes Rechteck mit einer Stadtmauer, im Innern des Gevierts sorgten zwei Hauptachsen für die Unterteilung in vier gleiche Stadtviertel. Im Schnittpunkt von Decumanus (Längsachse) und Cardo (Querachse) wurde das Forum mit Tempel, Marktplatz und anderen öffentlichen Gebäuden angelegt. In den Randzonen fanden Theater, Amphitheater, Thermen und Stadtgründungsmonumente Platz.

In der Provence ist eine so unerschöpfliche Fülle an römischen Bauwerken erhalten, daß man hier eine noch plastischere Vorstellung vom architektonischen Genie der Römer erfährt als in Rom selbst. Erlebt man zum Beispiel in Arles das Amphitheater in glänzendem Erhaltungszustand, hingegen das Theater als Ruine, so fährt man nur wenige Kilometer hinauf nach Orange, um dort das am besten erhaltene Theater der Antike überhaupt zu sehen. Wer dort sodann die Abtragung des Tempels bedauert (er stand ursprünglich

Fortsetzung Seite 41

PROVENCE

Gestern war ich bei Sonnenuntergang auf steinigem Heideland, wo ganz kleine verkrüppelte Eichen wachsen, im Hintergrund auf dem Hügel eine Ruine, im Tal ein Stückchen Feld ... Die Sonne verströmte ganz, ganz gelbe Strahlen auf das Buschwerk und den Boden, durchaus ein Regen von Gold; alle Linien waren schön, der Gesamteindruck von einer bezaubernden Vornehmheit. Man wäre nicht verwundert gewesen, plötzlich Kavaliere mit Damen aus dem Boden steigen zu sehen, die von einer Jagd oder einer Falkenbeize zurückkehren oder die Stimme eines alt-provencalischen Troubadours zu hören.

VINCENT VAN GOGH, 1888

Von vielen Künstlern als Inbegriff der südlichen Farbenpracht «porträtiert»: Die Sonnenblumenfelder in den Ebenen der Provence.

Nächste Doppelseite: Die Schafzucht hat in der Provence eine lange Tradition; schon in der Antike wechselten die Schäfer mit ihren Herden von den Sommerweiden im Bergland zu den Winterplätzen an der Küste.

Südöstlich von Orange liegt das Renaissance-Schloß Vauvenargues. In den fünfziger Jahren kaufte Picasso es als seinen Alterswohnsitz, doch nach kurzer Zeit zog es ihn wieder an die Côte d'Azur.

Am Übergang vom Vaucluse-Hochland zum Lubéronbergland, umgeben von ockerfarbenen Felsen, liegt das Dorf Roussillon.

Der Ort Venasque am Nordrand des Vaucluse-Hochlands. Von ihm hat die umliegende Grafschaft Venaissan ihren Namen.

Nächste Doppelseite: Der Pont du Gard bei Remoulins wurde kurz vor der Zeitenwende erbaut und ist mit knapp 50 Metern Höhe und 275 Metern Länge der größte von den Römern je errichtete Aquädukt.

Das römische Amphitheater in Nîmes gehört zu den besterhaltenen Bauwerken dieser Art. In der Antike wurden hier Gladiatorenkämpfe und Raubtierhatzen abgehalten; heute finden in der Arena von Juni bis September Stierkämpfe statt.

Trompeter kündigen den nächsten Kampf an. Im Amphitheater von Nîmes werden die spanischen «Corrides» gezeigt, bei denen der Stier getötet wird.

In der Arena von Arles finden vor allem provenzalische Stierkämpfe statt, bei denen eine Blumenkokarde, die der Stier zwischen den Hörnern trägt, abgerissen werden muß.

Das römische Monumentaltor in Orange wird häufig als Triumphbogen bezeichnet, war aber wohl eher ein Stadtgründungsmonument, welches zur Demonstration der Macht des römischen Imperiums erbaut wurde.

Das römische Theater in Orange faßte einst zehntausend Besucher. Noch heute finden hier bei den Musikfestspielen in den Sommermonaten mehrere tausend Menschen Platz.

Das Juliermonument auf dem Plateau Les Antiques bei Saint-Rémy-de-Provence, das wahrscheinlich als Kenotaph zu Ehren der beiden jung verstorbenen Enkel des Augustus, Caius und Lucius, errichtet wurde.

Die antike Stadt Glanum bei Saint-Rémy-de-Provence. Kelten, Griechen und Römer hinterließen hier ihre Spuren.

Die Tour Magne auf dem Mont Cavalier gehört zur römischen Stadtmauer von Nîmes. Bereits in keltischer Zeit stand hier ein Gebäude, dessen Fundamente zum Bau des Turmes benutzt wurden.

Die zur Regierungszeit des Augustus erbaute, seinen beiden Enkeln geweihte Maison Carrée in Nîmes gilt als das bedeutendste Beispiel eines römischen Podiumtempels in Südfrankreich.

Der Jardin de la Fontaine in Nîmes wurde im 18. Jahrhundert angelegt. In der Parkanlage befinden sich auch die Ruinen des römischen Dianatempels, der wahrscheinlich an der Stelle eines keltischen Heiligtums errichtet wurde.

Nächste Doppelseite: Abgeerntetes Lavendelfeld im Vaucluse-Hochland.

Portal der Abteikirche in Saint-Gilles. Die Kirche stammt aus dem 12. Jahrhundert, als die kleine Stadt am Rande der Camargue ein bedeutender Wallfahrtsort war.

Zwei Atlanten tragen den Balkon über dem Portal des Pavillon Vendôme, einem Adelspalais des 17. Jahrhunderts in Aix-en-Provence.

Die im 12. Jahrhundert entstandene Darstellung der Gefangennahme Christi am mittleren Portal der Abteikirche von Saint-Gilles. Über den insgesamt drei Portalen der Kirchenfassade werden Szenen aus der Passion Christi geschildert.

Eine alte Gasse in Cuers, einem abgelegenen Bergdorf nordöstlich von Marseille.

Nur wenige Kilometer von dem Ort Malaucène entfernt liegt der 1900 Meter hohe Mont Ventoux, der höchste Berg der Provence.

Das Dorf Bonnieux im Lubéronbergland.

Als der Papst im frühen Mittelalter dem bei Arles gelegenen Kloster Montmajour einen Teil des Kreuzes Christi schenkte, entwickelte sich der Ort zu einer bedeutenden Wallfahrtsstätte.

Die Kartause Val de Bénédiction in Villeneuve-lès-Avignon aus dem 14. Jahrhundert. Nachdem der Ordensgeneral der Kartäuser, Jean Birel, seine Wahl zum Nachfolger Papst Clemens VI. zugunsten von Etienne Aubert (Innozenz VI.) abgelehnt hatte, dankte ihm dieser für seinen Verzicht mit der Gründung des Klosters in Villeneuve.

Der Papstpalast in Avignon, dessen Bau während der Regierungszeit Papst Benedikt XII. von 1334 bis 1342 begonnen und von dessen Nachfolger zu Ende geführt wurde. Er diente bis 1376 fünf Päpsten als Residenz.

Nächste Doppelseite: Auf der Südspitze des Vaucluse-Hochlandes liegt der Ort Gordes, überragt vom Schloß der Grafen von Simiane, in welchem sich heute ein Museum mit den Werken des ungarischen Op-Art Künstlers Victor Vasarely befindet.

Bei Orange. Schon in der Antike wurde in dieser Region Wein angebaut, und noch heute liegt in der Provence eines der größten zusammenhängenden Anbaugebiete Europas.

gleich neben dem Theater), reist nach Nîmes weiter, wo er am Beispiel der Maison Carrée den perfektesten Vertreter des römischen Podiumtempels (Tempel auf einem hohen Unterbau mit Freitreppe an der Frontseite) studieren kann.

Systematisch wurde im Zuge aller dieser Baumaßnahmen das ältere keltische aber auch das griechische Erbe von den Römern zerstört. Diese vollständige Tilgung aller historischen Wurzeln erklärt, weshalb es so rasch und zugleich tiefgreifend zur Romanisierung in Gallien kommen konnte. Die Provincia Gallia Narbonensis hatte sich so sehr zur Musterprovinz des Imperiums gemausert, daß die bloße Nennung des Terminus Provincia – ohne weiteren Namenszusatz – zum Synonym für Südgallien wurde. Diese Namensgebung blieb dem Land zwischen Alpen und Rhône bis in unsere Tage erhalten. Nur gelegentlich kam es noch zu vereinzelten lokalen Erhebungen wie etwa in der Regierungszeit des Tiberius in Arausio, deren Niederschlagung die Römer jedoch vor keine ernsthaften Probleme mehr stellte. Ihre Glanzzeit erlebte die Gallia Narbonensis, als im Jahr 138 n.Chr. der väterlicherseits aus Nîmes stammende Antoninus Pius die Nachfolge Hadrians antrat. Seine Regierungszeit erstreckte sich über fast ein Vierteljahrhundert (bis 161 n. Chr.). In dieser Epoche erlebte das Imperium und mit ihm, als sein unverbrüchlicher Bestandteil, die Gallia Narbonensis eine Periode wirtschaftlicher Stabilität und kultureller Schaffenskraft, wie sie in dieser Tragweite erst das 12. Jahrhundert wieder erreichen sollte. Selbst ein so nüchterner Historiker wie Theodor Mommsen hat sich zu der Bemerkung hinreißen lassen: *Und wenn einmal ein Engel des Herrn die Bilanz aufmachen sollte, ob das von Antoninus Pius beherrschte Gebiet damals oder heute mit größerem Verstande und mit größerer Humanität regiert worden ist, ob Gesittung und Völkerglück im allgemeinen seitdem vorwärts- oder zurückgegangen sind, so ist es sehr zweifelhaft, ob der Spruch zugunsten der Gegenwart ausfallen würde* (Theodor Mommsen, Römische Geschichte, Band 8).

Bei Betrachtung der vielen römischen Bauwerke in Südfrankreich lassen sich im groben zwei Gruppen voneinander scheiden. Die Vertreter der einen Gruppe sind öffentliche Bauten mit repräsentativem Hintergrund. Hierzu sind die Tempel (Nîmes; in Fragmenten Glanum/Saint-Rémy; Riez), die Theater (Orange, Arles), die Stadtgründungsmonumente (Ehrenbögen in Orange, Saint-Rémy, Carpentras, Cavaillon; Siegesmonument in Fréjus; Tour Magne in Nîmes) und, mit gewissen Einschränkungen, die Amphitheater (Arles, Nîmes) zu zählen. Sie zeichnen sich durch eine Fülle des bauplastischen Dekors aus: kunstvolle korinthische Akanthusblatt-Kapitelle, kannelierte Säulen und zum Teil bildnerischer Dekor, letzterer besonders an den Ehrenbögen und an Staatsgräbern (z. B. das Juliermonument bei Saint-Rémy). Dem stehen die reinen Funktionsbauten gegenüber, die in ihrer eher schlichten, aber gerade deshalb oft monumental wirkenden Erscheinung eindrucksvolles Zeugnis vom nüchternen Ingenieursgeist ihrer Erbauer ablegen. Als Musterbeispiel hierfür ist der berühmte Pont du Gard zu nennen, jener gewaltige Aquädukt, der den Gard bei Remoulins überspannt. Ferner gehören dazu: Brücken (Pont Julien bei Apt, Pont Flavien bei Saint-Chamas u.a.), Stadttore (Porte d'Auguste in Nîmes), Getreide- beziehungsweise Ölmühlen (Barbegal bei Arles, Les Bouillons bei Gordes), Thermenanlagen (Arles, Glanum) und alle Formen von Bauwerken, die im Zusammenhang mit der öffentlichen Wasserversorgung angelegt wurden (z.B. das Castellum Divisorium, ein großes Wasserverteilerbecken, in Nîmes). Ferner sind zu dieser Gruppe zu zählen: Hafenanlagen (Marseille) und Vorratsräume (Kryptoportiken in Arles). Bis hin zu Leuchttürmen (z.B. Fréjus) ist nahezu jede Gebäudeart in Beispielen vertreten, so daß sich vor dem Auge des Betrachters ein Geschichtsunterricht entfaltet, wie er anschaulicher nicht vorstellbar ist.

Zeit der Völkerwanderung: Niedergang und Neubeginn

Die Sonderstellung, die die Gallia Narbonensis unter den Provinzen des Imperiums einnahm, wird deutlich, wenn man den Blick auf die Zeit der zu Ende gehenden Antike lenkt. Schon seit dem 2. Jahrhundert n. Chr. waren die Nord- und die Ostflanke des Römischen

Links: Reste des römischen Theaters in Arles.
Rechts: Tropheé des Alpes in La Turbie. Das Denkmal wurde 7 v. Chr. zu Ehren des Augustus nahe der östlichen Grenze von Gallien, in der heutigen Region Alpes-Maritimes errichtet.

Reiches unter den Druck der Germanenvölker geraten. Anfang des 4. Jahrhunderts wurden die in der diokletianischen Reichsreform neugeschaffenen vier Hauptstädte (Trier, Mailand, Sirmium und Nikomedia) wieder aufgegeben – das Imperium begann, von der Peripherie her zu zerbröckeln. Kaiser Konstantin erhob Arelate (Arles) 308 n. Chr. zur neuen Hauptstadt. In der Folgezeit richtete sich jedoch das Augenmerk des Kaisers verstärkt nach Osten, wo es den Mitregenten und Konkurrenten Licinius auszuschalten galt. Nachdem dies 324 n. Chr. gelungen war, verlagerte sich das politische Schwergewicht in den Osten des Reiches, Arles verlor seine Stellung an Byzanz. Doch behielt die Stadt auch weiterhin eine Schlüsselrolle, denn 395 n. Chr. faßte der Präfekt Vincentius die gesamte Verwaltung aller gallischen Provinzen inclusive Britannia und Hispania in Arles zusammen.

Zu diesem Zeitpunkt hatte sich das Christentum, das über die Hafenstädte Südfrankreichs Eingang in Gallien gefunden hatte, in seiner Stellung gefestigt (394 n. Chr. Erhebung zur offiziellen Staatsreligion). Als nun das Imperium im 5. Jahrhundert n. Chr. endgültig unter dem Ansturm der Germanen zerbrach, erwies sich das Christentum als einzig tragfähige Brücke, über die sich die Neuordnung des Mittelmeerraumes vollziehen konnte. Während die damit verbundenen Umwälzungen in der Provence vergleichsweise fließend vonstatten gingen, war die Languedoc viel stärker vom Hin und Her der aufeinanderfolgenden neuen Machthaber betroffen. Bereits im 5. Jahrhundert n. Chr. waren die Westgoten nach Südfrankreich vorgedrungen und hatten als Foederati (Bundesgenossen) ein faktisch von Rom unabhängiges Reich begründet, das erste seiner Art auf dem ehemaligen Territorium des Römischen Reiches, dessen Hauptstadt Toulouse wurde. Anfang des 6. Jahrhunderts n. Chr. gerieten die Westgoten ihrerseits unter den Druck der von Norden nach Süden expandierenden Franken, denen sie in der Schlacht von Vouillé 507 n. Chr. unterlagen. Den Siegeszug der Franken bremste vorerst Theoderich der Große, der sich vermittelnd einschaltete. Das erklärte Ziel seiner Politik war die Aussöhnung aller miteinander rivalisierenden Germanenstämme. Erst nach seinem Tod (526 n. Chr.) konnten die

Das Musée Picasso in Antibes an der Côte d'Azur stellt neben Picassos Werken auch Objekte wechselnder zeitgenössischer Künstler aus.

Franken auch die Provence ihrem stetig wachsenden Machtbereich einverleiben. Nur knapp zweihundert Jahre konnte sich das in Spanien neu konsolidierte Westgotenreich halten, bis es 711 n. Chr. durch die Invasion der Araber von der Landkarte gestrichen wurde. Über die Languedoc führte ihr Vorstoß bis in das Tal der Loire, wo er 732 n. Chr. durch das Einschreiten Karl Martells ins Stocken kam. Im Gegenzug warfen die Franken die Araber über die Pyrenäen zurück, doch konnten sich einzelne Enklaven der Andersgläubigen in Frankreich noch lange halten. Ihre letzte Bastion in der Provence fiel erst Ende des 10. Jahrhunderts.

So dramatisch sich diese Ereignisse auch lesen, so muß man sich doch die damit verbundenen Zerstörungen begrenzt vorstellen. Die germanische Invasion führte auch nicht zu einer restlosen Überfremdung des Landes. Vielmehr kam es, wie schon in den Jahrhunderten zuvor, zu einer raschen Verschmelzung zwischen den Einwanderern und der ansässigen Bevölkerung. Es gehört zu den historischen Konstanten Südfrankreichs, daß neu auftretende Kräfte immer wieder aufgenommen und mit dem Vorhandenen zu einer Einheit verbunden wurden. Wenn dennoch die Zeit der Völkerwanderung als eine Epoche des Niedergangs in die Annalen Südfrankreichs eingegangen ist, die erst mit der Regierungszeit Karls des Großen ihr Ende fand, so liegt dies in erster Linie in der damals weltweiten Rezession begründet, der zeitweilig sogar die Geldwirtschaft zugunsten der archaischen Form des Tauschhandels zum Opfer fiel. Die einstige Provincia Gallia Narbonensis büßte indessen einiges von ihrer Identität, vor allem ihre Einheit ein. Schon die Reichsreform Kaiser Diokletians im Jahre 293 n. Chr. hatte erstmalig die Rhône als Grenze zwischen den neu geschaffenen Provinzen Gallia Narbonensis und Lugdunensis (auch Narbonensis secunda genannt) festgelegt; eine Unterscheidung zwischen rechts- und linksrhônischem Territorium, die sich in der Auseinandersetzung zwischen Ostgoten und Franken verhärtete. Dies sollte sich als Kontinuum bis in das hohe Mittelalter fortsetzen. Nachdem das künstliche Mittelreich Kaiser Lothars, das im Zuge der Reichsteilung unter den Erben Karls des Großen entstanden war, wieder zerfiel, wurde alsbald der Süden Frankreichs den Territorien des Westfranken- (Languedoc) und des Ostfrankenreiches (Provence) zugeordnet. Die Situation war jener, die zur Zeit der Römerherrschaft bestanden hatte, nicht unähnlich: Wieder lagen die eigentlichen Machtzentren weit außerhalb der eigenen Landesgrenzen. Es ist das merkwürdige Schicksal des Midi, daß seine Menschen immer von Schaltstationen aus regiert wurden, mit denen sie nicht in einem unmittelbaren Kontakt standen. Dies führte im Mittelalter dazu, daß sich Provence und Languedoc, trotz ihrer Verteilung auf zwei rivalisierende Machtblöcke, im engen Austausch miteinander und weitgehend unabhängig von den Zentralgewalten entfalten konnten: Der französische König, der sich, nachdem die Krone von den Karolingern auf die Kapetinger übergegangen war, ohnehin erst seinen Platz als Primus unter den mächtigen Landesfürsten ertrotzen mußte, war im 12. Jahrhundert durch die Auseinandersetzung mit der englischen Krone um die Erbansprüche über Aquitanien ganz auf den Westen seines Reiches konzentriert. Die Herrscher auf dem deutschen Thron waren immer wieder durch die Ereignisse in Italien gebunden und dokumentierten nur durch sporadisches Erscheinen ihren Herrschaftsanspruch über die Provence – so Friedrich Barbarossa, Karl IV. und zuletzt, noch im 16. Jahrhundert, Karl V. Nachdem sich die politischen und wirtschaftlichen Verhältnisse in Europa im 11. Jahrhundert wieder konsolidiert hatten, sah sich das Midi an der Peripherie der neu entstandenen Machtblöcke und praktisch unabhängig von ihnen. In der Konsequenz führte das zu einem erneuten «Höhenflug» der kulturellen Kräfte, wie ihn das Land zuletzt rund eintausend Jahre zuvor unter den römischen Kaisern erlebt hatte. Nicht zu Unrecht ist die nun anhebende Epoche als das «zweite goldene Zeitalter» des Midi apostrophiert worden. Als sichtbare Zeugen dafür sind die Werke der romanischen Kunst des 12. Jahrhunderts neben die Denkmäler der Antike getreten.

Kulturelle Blütezeit: Die Romanik

Die romanische Kunst hat auf Umwegen Einzug in Südfrankreich gehalten. Nachdem der Norden Spaniens von den Mauren befreit worden war, setzte dort, vor allem in Katalonien, seit dem anbrechenden 11. Jahrhundert eine fast fieberhafte Bautätigkeit ein. Da es dem Land in dieser Anfangsphase an eigenen schöpferischen Kräften noch mangelte, wurden zahlreiche Baumeister aus Norditalien, speziell aus der Lombardei, in die südlichen Pyrenäenrandgebiete berufen. Die Lombarden gehörten schon immer zu den wanderfreudigsten Künstlern. Ihre weitverzweigten Wege führten sie nach Burgund, ins Rheinland und in Einzelfällen bis hinauf nach Skandinavien, wo sie mit der Kathedrale in Lund (Schweden) den dortigen Steinbau begründeten. Der lebhafte Austausch zwischen den Landschaften beiderseits der Pyrenäen brachte es mit sich, daß der Einfluß der Lombarden sehr rasch in das Roussillon ausstrahlte, das ohnehin im Mittelalter auch politisch an Katalonien angebunden war (erst seit dem Pyrenäenfrieden 1653 offiziell zu Frankreich gehörig). Mit den großen Klosterkirchen in Saint-Michel-de-Cuxa und Saint-Martin-du-Canigou, letztere neben Saint-Philibert in Tournus (Burgund) die erste vollständig eingewölbte Kirche des europäischen Mittelalters, hielt die Frühromanik kurz nach der Wende vom ersten zum zweiten Jahrtausend n. Chr. Einzug in Südfrankreich. Die Bauwerke dieser Zeitstufe besitzen einprägsame Gemeinsamkeiten, die sie unschwer als Mitglieder derselben Familie ausweisen: Sie wurden aus kleinteiligem Bruchstein-Mauerwerk errichtet. Gliederungselemente fanden nur spärlich in Gestalt flacher Lisenen (der Wand aufgelegte Verstärkungsstreifen) und kleiner Arkadenfriese Verwendung. Die Innenräume sind häufig als Einheitsräume – einschiffiger Saal oder dreischiffige Halle mit annähernd gleich hohen Schiffen –, seltener als Basiliken gestaltet (dreischiffige Anlage, deren Mittelschiff sich über die Seitenschiffe erhebt). Dies ist ein allgemeiner Grundzug der mittelalterlichen Baukunst aller Landschaften südlich von Alpen und Loire, der sich gleichermaßen in Oberitalien wie in Südfrankreich oder in Nordspanien findet. Das traditionelle Schema zur Einwölbung

In der Kirche der Klosteranlage in Saint-Guilhem-le-Désert, einem an den südlichen Ausläufern der Cevennen gelegenen Dorf, finden sich noch Überreste des karolingischen Gründungsbaus aus dem frühen 9. Jahrhundert.

Blick durch die aus dem 12. Jahrhundert stammende Galerie der in den Pyrenäen gelegenen Klosterkirche von Serrabone.

der Kirchenschiffe wurde in Nachfolge von Saint-Martin-du-Canigou die Halbtonne. Die anderen Kunstlandschaften Frankreichs erkannten sehr bald, daß die Errichtung des Tonnengewölbes mit gravierenden baustatischen Problemen einherging. Diese Wölbform besitzt einen starken zu den Seiten hin wirkenden Schub, der für die Außenmauern einer Kirche eine beträchtliche Belastung darstellt. Andernorts begann man deshalb, auf alternative Lösungen hinzuarbeiten: Noch im 11. Jahrhundert kam das Kreuzgratgewölbe auf, das ein Bauwerk in einzelne räumliche Einheiten zerlegt; in Burgund verfiel man auf die Spitztonne; in der Auvergne hielt man zwar an der Tonne fest, pflanzte jedoch zur stabilen Absicherung des Mittelschiffgewölbes den Seitenschiffen Emporen auf, die das Gebäude von beiden Seiten her einfassen. An all diesen innovativen Bestrebungen hat der Süden kaum Anteil genommen. In einer merkwürdig konservativ anmutenden Gesinnung hielt man dort dem einmal festgelegten Muster die Treue. Die Tonnenwölbung der südfranzösischen Kirchen machte ein starkes Mauerwerk notwendig, mit der Durchfensterung mußte man sparsam zu Werke gehen. Daraus resultiert der oft höhlenartig dunkle Charakter der Kirchen Südfrankreichs.

Schon bald nachdem die lombardisch inspirierte Baukunst über die Pyrenäen Einzug in das Roussillon gehalten hatte, strahlte ihr Einfluß in dessen Nachbarlandschaft, die Languedoc, aus. Als ältestes romanisches Bauwerk der Languedoc gilt die Kirche in Quarante, deren Weihe für das Jahr 1052 überliefert ist. Sie zeigt, daß trotz der Dominanz der Tonne auch mit anderen Wölbungsformen experimentiert wurde. In Quarante sieht man neben der traditionellen Tonne Kreuzgrate in den Seitenschiffen und eine Trompenkuppel (achtseitige Kuppel auf quadratischem Grundriß). Der Blick auf die Persönlichkeiten dieses Landstriches läßt erkennen, daß Anregungen oftmals auf ganz direktem, unter Umständen familiärem Wege vermittelt wurden: Das Kloster von Quarante gehörte zur Diözese von Narbonne. Dessen Bischof war seit 1019 der Onkel von Oliba, dem Abt und Bauherrn von Saint-Michel-de-Cuxa, sowie von dessen Bruder, Guifred, der das

Am Fuß des Massif du Canigou, einem Gebirgszug der Pyrenäen, liegt das Kloster Saint-Martin-du-Canigou.

zweite wichtige im Stil des *premier art roman* errichtete Kloster im Roussillon, Saint-Martin-du-Canigou, gegründet hatte. Mit Narbonne beziehungsweise Quarante als Schaltstation drang der Einfluß der frühromanischen Architektur weiter nach Osten vor. Das nächste bedeutende Beispiel dieser Stilrichtung ist die Abteikirche von Saint-Guilhem-le-Désert, deren Errichtung in die Zeit zwischen etwa 1030 und 1076 fällt. In diesem Fall handelt es sich um eine klassische Basilika mit einem sich über die Seitenschiffe erhebenden Mittelschiff. Jedoch in allen anderen Punkten, wie Mauerwerk, Gliederung und Lichtführung erweist sich die Kirche den lombardischen Bauwerken Nordspaniens und des Roussillon eng verwandt. Am Beispiel der Kirche von Saint-Martin-de-Londres vollzieht sich der Wandel von der früh- zur hochromanischen Kunst. Zwar bleibt zunächst noch das Kontinuum der Wandfläche erhalten – einzig flache Lisenen und kleine Blendbogenfriese sorgen für eine zurückhaltende Form der Flächenbelebung, ohne diese in einem bauplastischen Sinne zu durchdringen –, an die Stelle des unregelmäßigen Bruchstein-Mauerwerks tritt nun aber erstmalig der glatt behauene Quader.

So wie die Rhône seit spätantiker Zeit eine politische Grenze markierte, erwies sie sich nun, im 11. und 12. Jahrhundert, vorübergehend als Kulturscheide. Denn Ende des 11. Jahrhunderts kam das Vordringen der frühromanischen Baukunst ins Stocken. Verglichen mit der Bautenfülle in der Languedoc und im Roussillon bietet die Provence in dieser Zeit einen überraschend schmalen «Denkmälerkatalog». Es ist festzuhalten, daß sich die Provence unter allen Kunstlandschaften Frankreichs mit ihren romanischen Werken als letzte zu Wort meldete. Die wichtigsten Werke entstanden ausnahmslos erst gegen Mitte des 12. Jahrhunderts, zu einer Zeit also, als in der Ile de France die Gotik bereits ihre ersten Keime trieb. Der Grund dafür liegt wohl kaum in der politischen Zugehörigkeit zum Heiligen Römischen Reich Deutscher Nation begründet, da diese, wie bereits ausgeführt wurde, ohnehin nur nominellen Charakter hatte. Gravierender fällt da die Topographie der Provence ins Gewicht. Die Küste war dort zum Teil bis weit ins Landesinnere versumpft

Links: Portal der auf einem schmalen Landstreifen am Etang de l'Arnel erbauten Kathedrale von Maguelone. Rechts: Portal der Anfang des 13. Jahrhunderts errichteten Kirche Notre-Dame-du-Lac in der Ortschaft Le Thor im Vaucluse-Hochland.

und unbewohnbar. In der Languedoc hingegen war dies nur auf einen schmalen Gürtel entlang der Mittelmeerküste beschränkt. Um in der Nähe der Küste Bauvorhaben größeren Umfangs zu beginnen, mußten erst beträchtliche Vorarbeiten in Richtung auf eine Urbarmachung geleistet werden. Zwar waren in den Tälern der Rhône und der Durance noch alle aus der Antike stammenden Siedlungen vorhanden, doch die geistigen und materiellen Träger der romanischen Kunst waren weniger die in den Städten residierenden Bischöfe, als vielmehr die Klöster, die ihren Lebensraum vorwiegend auf dem Lande suchten. Dies läßt sich besonders einprägsam am Beispiel der Mönche von Montmajour ablesen. Auf dem kleinen Kalkplateau unweit von Arles befand sich seit karolingischer Zeit eine Einsiedelei. Die dort lebenden Einsiedler, die von einem bis an den Fuß der Alpilles reichenden Morast eingeschlossen waren, versorgten einen Friedhof, dessen Grabstätten mühevoll in den Felsen geschlagen werden mußten. Seit dem 11. Jahrhundert richteten die Mönche, die sich inzwischen zu einer der Regel des heiligen Benedikt unterworfenen Gemeinschaft formiert hatten, ihr Augenmerk auf die systematische Trockenlegung des Umlandes. In dem ungesunden Klima scheinen zahlreiche Mönche an Malaria erkrankt zu sein, denn in den Hügeln der Montagnettes gründete der Abt von Montmajour ein kleines Kloster, Saint-Michel-de-Frigolet, das einen regelrechten Sanatoriumsbetrieb für jene Brüder unterhielt, die in dem Sumpf um das Mutterkloster infiziert worden waren. Der dank der Trockenlegung gewonnene Boden konnte wirtschaftlich genutzt werden, was dem Kloster alsbald höhere Einkünfte sicherte – die notwendige Voraussetzung zur Finanzierung größerer Bauvorhaben.

Noch heute läßt sich an einem eindrucksvollen Beispiel ermessen, welche Anstrengungen vonnöten waren, diesem unwirtlichen Land fruchtbringenden Boden abzutrotzen. Gemeint ist der Lac de Montady westlich von Béziers. Dort wurde ein ehemaliger Brackwassersee, wie sie heute noch den Küstengürtel von Marseille bis Perpignan in großer Zahl säumen, mittels eines ausgeklügelten Drainagesystems entwässert und Hunderte von

Szenen aus der Genesis am Mitte des 12. Jahrhunderts entstandenen Fries der Kathedrale Notre-Dame et Saint-Castor in Nîmes.

Feldern konzentrisch auf einen Mittelpunkt ausgerichtet angelegt, so daß ein gigantisches Muster entstand. Die Felder stehen unter Landschafts- beziehungsweise Denkmalschutz, so daß man auch jetzt noch die große Kulturleistung würdigen kann. Nachdem solcherart Vorleistungen erbracht waren, konnte man die Realisierung ehrgeiziger Bauprojekte in Angriff nehmen. In rascher Folge entstanden seit der Wende auf das 12. Jahrhundert die Abteien und Priorate, die die Provence mit einem engmaschigen Netz romanischer Bauwerke überzogen. Heute hat man die Provence neben Burgund, der Auvergne und den Provinzen im Westen (Aquitanien, Saintonge, Poitou und Normandie) zu den denkmälerreichsten dieser Epoche zu zählen. Dabei blieb das Muster des Einheitsraumes für kirchliche Bauten auch weiterhin bestimmend. Die Basiliken blieben in der Minderzahl, zudem wurden sie meist mit derart schmalen Seitenschiffen ausgestattet, daß diese sich im Raumeindruck ganz der beherrschenden Rolle der Mittelschiffe unterordnen (Vaison-la-Romaine, Arles, La Garde-Adhémar). In der handwerklichen Perfektion der Steinbehandlung haben die Baumeister der Provence alle ihre Zeitgenossen übertroffen. Die präzise Bearbeitung der Quader und deren nahtlose Fugung hätten jedem römischen Künstler zur Ehre gereicht. Die Zisterzienser führten diese Kunstfertigkeit in der zweiten Hälfte des 12. Jahrhunderts auf ihren Gipfel. Da sich dieser strenge Orden jeglichen bauplastischen Dekor versagt hatte, gewann die Bearbeitung des Baumaterials selbst eine künstlerische Dimension. Die Zisterzienser waren es zugleich, die die von den Benediktinern begonnene Urbarmachung konsequent fortsetzten, indem sie die Flußniederungen verließen und in karge Gebirgsregionen und einsame Täler vorstießen, die zuvor wohl kaum eines Menschen Fuß je betreten hatte. Daß es die Klöster waren, die das Gesicht dieser Epoche am nachhaltigsten geprägt haben, spiegelt sich am anschaulichsten in der Vielzahl der erhaltenen Kreuzgänge wider. Keine andere Landschaft Europas besitzt eine derartige Fülle dieser Bauwerke, in denen das mittelalterliche Mönchstum den vielleicht schönsten Ausdruck seines Selbstverständnisses formuliert hat.

In Le Thoronet bei Brignoles, einem der noch erhaltenen Zisterzienserklöster der Provence.

Als eine weitere Triebfeder für die Entfaltung der romanischen Kunst darf die Pilgerbewegung nicht unerwähnt bleiben. Schon im 9. Jahrhundert war im Nordwesten Spaniens das Grab des Apostels Jakobus des Älteren aufgefunden worden; doch erst der emsigen Werbung seitens der Cluniazenser im 11. Jahrhundert ist zuzuschreiben, daß sich die Wallfahrt nach Santiago de Compostela zu einer frommen Massenbewegung entwickelte. Vier Hauptwege formierten sich durch Frankreich, deren südlicher, die Via Tolosana, von Arles und Saint-Gilles der alten Völkerstraße entlang der Küste des Mittelmeeres bis nach Narbonne folgte und sich von dort in Richtung auf Toulouse wandte.

Bezeichnenderweise erhielten gerade die beiden Kirchen, die den Ausgangspunkt für diese Route bildeten, Saint-Gilles und Arles, die prachtvollsten Portale der provenzalischen Romanik. Sie stellen zugleich Höhe- und Endpunkte der südfranzösischen Skulptur der Romanik dar. Die Wiege der Bauplastik liegt dagegen, wie für die Architektur, in den Pyrenäenrandgebieten. Als ältestes fest datiertes Werk der mittelalterlichen Steinplastik gilt der Türsturz der Kirche in Saint-Genis-des-Fontaines bei Perpignan. Bis über die Mitte des 11. Jahrhunderts hinaus spielte das Roussillon die führende Rolle auf diesem Gebiet. Gegen Ende des 11. Jahrhunderts lief dann die Languedoc ihrer südlichen Nachbarlandschaft den Rang ab. Seit etwa 1090 wurden die Bildhauerateliers in Toulouse tätig, die nicht nur in Toulouse selbst, sondern zum Teil weit über die Grenzen der Languedoc hinaus Zeugnisse ihres hohen Könnens schufen. Ihr Einfluß reichte über Moissac, Cahors, Souillac, Carennac und Beaulieu bis tief in die Auvergne (Mauriac). Nachdem um 1020 mit der Porte Miégeville an Saint-Sernin in Toulouse das Muster des mittelalterlichen Stufenportals mit seitlich eingestellten Säulen und einem figurengeschmückten Tympanon (Giebelfeld) seine verbindliche Ausprägung erfahren hatte, erfolgte die Emanzipation der gesamten Westwand einer Kirche zur Gestalt einer monumentalen Schauwand. Dies geschah wiederum außerhalb der Region um Toulouse. Im Westen, in den Landschaften Angoumois, Saintonge, Poitou sowie in Nordspanien feierte die Bilderfreude der Hochromanik zwischen

Fortsetzung Seite 55

Blick über die Altstadt von Aix-en-Provence.

Nächste Doppelseite: Fort und Kloster Saint-André in Villeneuve-lès-Avignon. Bereits in merowingischer Zeit befand sich hier ein Kloster, das sich im 11. Jahrhundert zu einer der einflußreichsten Benediktinerabteien am unteren Rhônelauf entwickelte.

An der Place de la Liberté in Toulon.

In einer Gasse des zum erstenmal urkundlich im 10. Jahrhundert als Villa Perpiniani erwähnten Perpignan, der heutigen Hauptstadt des Departements Pyrénées-Orientales.

1130 und 1160 wahre Triumphe. Die östliche Languedoc steigerte die Reliefsprache der Romanik zur Monumentalplastik mit lebens- und überlebensgroßen Figuren. In dieser Hinsicht haben die Bildhauer von Saint-Gilles einen epochemachenden Beitrag zur Geschichte der abendländischen Skulptur beigesteuert. In ihren Gestalten paaren sich das romanische Prinzip der Flächenbindung mit dem Gefühl für antike Statuarik. Nirgends sonst ist in der Kunst der Romanik eine so lebendige Annäherung an die Antike erreicht worden wie gerade in den Werken von Saint-Gilles. Am Portal der Kathedrale Saint-Trophime in Arles, das wenig später, kurz nach der Mitte des 12. Jahrhunderts, anzusetzen ist, beginnt dieser bewegte Stil bereits wieder zu erstarren. Ansonsten fällt auf, daß in der gesamten Provence keine weiteren Portale von Rang anzutreffen sind – eine, etwa verglichen mit Burgund, magere Bilanz. Die Provence hat dafür ihre schönsten Leistungen im Bereich der Bauornamentik geschaffen. An kaum einer Kirche wird auf Schmuckformen verzichtet, die ihre Vorbilder ausnahmslos in der Kunst der römischen Kaiserzeit besitzen.

Werke anderer Kunstgattungen kommen nur vereinzelt vor. Die Holzskulptur, die in der Auvergne und in Katalonien besondere Beliebtheit genoß, scheint kaum eine Rolle gespielt zu haben; Wandbilder sind ebenfalls keine überliefert. Einzig in Ganagobie in der Haute-Provence blieb ein herrliches Fußbodenmosaik erhalten, das neben jenen von Otranto (Apulien) und Köln (Sankt Gereon) zu den bilderreichsten dieser Epoche zu zählen ist.

Die Kunst der Gotik: Sprachrohr der Politik

Schon im Laufe des 12. Jahrhunderts hatten sich in ganz Frankreich tiefgreifende Veränderungen auf wirtschaftlichem und politischem Gebiet angebahnt: Der Einfluß der Klöster begann zugunsten der in den Kathedralstädten beheimateten Weltgeistlichkeit schritt-

Fortsetzung Seite 65

CAMARGUE

Habe eine Woche in Saintes-Maries zugebracht und habe, um dorthin zu gelangen, im Postwagen die Camargue mit ihren Weinbergen, ihren Steppen, ihrem flachen Gelände (wie Holland) durchquert. Dort, in Saintes-Maries, gab es Mädchen, die einen an Cimabue und an Giotto denken ließen: schlank, gerade, ein wenig traurig und mystisch. Am ganz flachen, sandigen Strand kleine grüne, rote, blaue Boote, in Form und Farbe so hübsch, daß man an Blumen dachte. Ein Mann allein fährt auf ihnen. Diese Barken gehen kaum je auf die hohe See. Sie fahren ab, wenn der Wind nicht weht und kehren zurück, sobald er zu stark wird.

Vincent van Gogh, 1888

Auf der Place de la République in Arles.

Nächste Doppelseite: Das alte Fischerdorf Le Grau-du-Roi am Canal du Rhône à Sète.

HOTEL LE PORT RESTAURANT
BAR TABAC
Kronenbourg
La Rive Droite
Dégustation Coquillages

Vor knapp zweitausend Jahren sollen Maria Jacobäa und Maria Salome aus Palästina geflüchtet sein. Ihnen folgte die treue Dienerin Sara – der Legende nach eine Zigeunerin –, die auf wundersame Weise über das Wasser gehen konnte. Die Reliquien der Heiligen sind heute in der Wallfahrtskirche von Les Saintes-Maries-de-la-Mer zu sehen. Hier finden auch alljährlich zwei Prozessionen zu Ehren der Zigeunerin Sara statt, deren Statue dann ins nahegelegene Meer getragen wird. Zigeuner aus Frankreich, Portugal und Spanien reisen zu diesem Fest an.

Die meisten der Zigeuner, die im Frühjahr und im Herbst zu den Prozessionen nach Les Saintes-Maries-de-la-Mer kommen, sind schon seit einigen Generationen als Musiker, Tänzer oder Händler seßhaft.

Die reitenden Gardians hüten die Pferde- und Stierherden der Camargue. Bei den Prozessionen folgen sie in ihrer festlichen Tracht der kleinen Statue der Sara bis weit in das Meer.

Nächste Doppelseite: Der Pont de Langlois. Die kleine Zugbrücke, die etwas außerhalb von Arles über den Canal de Marseille à Rhône führt, wurde durch die vielen Bilder, die Vincent van Gogh während seines Aufenthaltes in Arles von ihr malte, berühmt.

In einer alten Gasse des Städtchens Brignoles.

weise zu verblassen, parallel dazu trat die Macht der Landesfürsten mehr und mehr hinter der stärker werdenden Stellung des Königtums zurück. In Südfrankreich kamen noch zwei weitere Faktoren hinzu, die auch das überraschend abrupte Ende der romanischen Kunst mitbewirkten.

Anfang des 13. Jahrhunderts, als das deutsche Reich durch eine Doppelwahl paralysiert war (1198: Otto IV. und Philipp von Schwaben) und die Königreiche Frankreich und England ihre Kräfte im Ringen um die Vorherrschaft in Aquitanien gebunden hatten, war das Papsttum die stabilste Kraft in Europa. Der ehrgeizige Innozenz III. wußte diese Situation geschickt für die Interessen der Kurie zu nutzen. Seinen weltlichen Herrschaftsbestrebungen stand allerdings die Unbotmäßigkeit einer Häretikergruppe entgegen, die in Südfrankreich einen bedrohlichen Zulauf hatte. Man nannte sie die Katharer (von griechisch *katharein* = reinigen), später – nach Albi, einem ihrer Hauptauftrittsorte – die Albigenser. Sie vertraten eine «radikaldualistische» Glaubenslehre, die nur den seelisch-geistigen Bereich als Schöpfungswerk Gottes gelten lassen wollte und alles Substanzielle dem Wirken Satans zuschrieb. Sie lehnten deshalb auch die Institution der Kirche, insbesondere deren Hierarchie, ab. Als 1208 unter ungeklärten Umständen der päpstliche Legat, der Zisterzienser Peter von Castelnau, in Saint-Gilles ermordet worden war, rief der Papst zu einem beispiellosen Kreuzzug von Christen gegen Christen auf. Gleich zum Auftakt dieses düsteren Kapitels ging die Stadt Béziers in Flammen auf, ihre sämtlichen Einwohner, fünfzehntausend an der Zahl – darunter nur wenige echte Ketzer –, wurden niedergemetzelt. Nachdem sich der französische König Philipp II. August anfangs in diesem Konflikt abwartend verhalten hatte, wurde spätestens mit dem Eingreifen seines Nachfolgers Ludwig VIII. deutlich, daß es in dem Ringen um Südfrankreich letztlich um handfeste politische Interessen ging. Im Frieden, der 1229 geschlossen wurde, mußte Raimund VII., Graf von Toulouse, der Sohn Raimunds VI., dem man versucht hatte, die Schuld an der Ermordung Peters von Castelnau in die Schuhe zu schieben, Teile der Region Albigeois, die Grafschaft Quercy und das Herzogtum Narbonne an die Krone abtreten. Damit hatte sich der königliche Besitz erstmalig bis ans Mittelmeer vorgeschoben. Zugleich war die Unabhängigkeit des Südens gebrochen.

Die Bindung an die Krone sollte sich im Laufe des 13. Jahrhunderts weiter festigen. Als 1248 der offizielle Herrscher über die Provence, Raimund-Berengar, ohne männlichen Erben starb, trat Karl I. von Anjou, der Bruder Ludwigs IX., dessen Nachfolge an. Die Landesaristokratie war anfangs bemüht, das fremde Joch abzuschütteln. Allein, mit dem Schwert in Händen und mit Hilfe eines geschickten Schachzuges gelang es der Anjou-Dynastie, ihre Herrschaft zu sichern. Karl II. ließ nämlich in Saint-Maximin Reliquien ausgraben, die er als die sterblichen Überreste der heiligen Magdalena ausgab. Zwar reklamierte die Gemeinde Vézelay, im Besitz der echten Magdalenen-Reliquien zu sein, doch 1298 entschied Bonifaz VIII. endgültig zugunsten von Saint-Maximin. Die Anjous hatten sich damit in einer Zeit, in der der Besitz von Reliquien die Aura göttlicher Legitimität verlieh, die Berechtigung ihres Herrschaftsanspruches von höchster Instanz bestätigen lassen.

Diese erzwungene Hinwendung zum Norden zog rasch die gotische Kunst, die zuvor nur zögernd im Midi hatte Fuß fassen wollen, nach sich. In Saint-Maximin selbst entstand eine große gotische Klosterkirche der Dominikaner, die neben der mit Fleiß betriebenen Inquisition auch die Verantwortung für die neue Wallfahrt übernommen hatten. In den Städten schossen die Kathedralen empor: Aix-en-Provence, Béziers, Montpellier, Albi, Perpignan, um nur einige zu nennen.

Doch fällt auf, daß die klassische Konzeption der gotischen Kathedrale – Mehrschiffigkeit, basilikales Schema, Umgangschor mit Kapellenkranz – nur in dem Beispiel der Kathedrale von Narbonne, die zudem bezeichnenderweise Fragment geblieben ist, faßbar ist. Alle anderen Kirchen dieser Zeit zeigen lediglich in der Einzelform – Spitzbogen, Kreuzrippengewölbe, Ornamente – gotische Elemente, in ihrer Gestalt als einschiffige Saalräume bleiben sie jedoch der althergebrachten Tradition des Südens verpflichtet. In welchem

Krönung Clemens VI., des vierten Papstes von Avignon, in Anwesenheit von König Philipp von Frankreich und Karl von Valois im Jahre 1342. Miniatur aus der Cronaca Villani um 1370.

Maße diese Bauwerke neben ihrer Bestimmung als Gotteshäuser zugleich steingewordener Ausdruck für den Universalitätsanspruch der Kirche einerseits und die Allmacht des Königtums andererseits geworden sind, dokumentieren die burghaft verschlossen wirkenden Kolosse der Kathedralen von Béziers, Montpellier und besonders Albi: Sie sind Bollwerke der Orthodoxie. An die großen schöpferischen Leistungen des 11. und 12. Jahrhunderts vermochte der Süden indes im 13. Jahrhundert nicht wieder anzuknüpfen.

Das Babylonische Exil: Die Päpste in Avignon

Hatte sich Bonifaz VIII. in der Frage der Authentizität der Magdalenen-Reliquien den französischen Interessen noch geneigt gezeigt, so wurde seine Bulle *unam sanctam* (1302) bei Hofe als schroffer Affront aufgenommen. Der Papst machte darin die Pläne des machtbesessenen Philipps des Schönen zunichte, durch direkte Besteuerung des Klerus und Verschiebungen innerhalb der Rechtspraxis die Stellung der Kirche zu untergraben. Bonifaz wurde in einer Überrumplungsaktion durch Wilhelm von Nogaret in Anagni gefangengesetzt. Trotz seiner baldigen Freisetzung war der greise Papst von den turbulenten Ereignissen überfordert und starb kurz darauf, im Jahr 1303. Sein Nachfolger, Benedikt XI., überlebte seine Wahl auf den Stuhl Petri nur um zwölf Monate. Auf dem dann in Lyon tagenden Konzil setzte Philipp mit dem Kandidaten Bertrand de Got, dem Erzbischof von Bordeaux, die Wahl eines Franzosen durch. Unter dem Namen Clemens V. ist er als eine der unrühmlichsten Gestalten in die Geschichte des Papsttums eingegangen. Ganz den Wünschen Philipps des Schönen willfährig, war er maßgeblich an der Zerschlagung des Templerordens beteiligt, zudem widerrief er die Bulle *unam sanctam* und bezog schließ-

Nicht weniger als sieben Päpste residierten von 1309 bis 1376 in Avignon. Sie gingen in dieser Zeit, die Dante als «Babylonisches Exil» bezeichnete, eine bedenkliche Liaison mit der in Frankreich herrschenden weltlichen Macht ein.

Nach dem Zusammenbruch des römischen Imperiums verloren die Bauwerke dieser Zeit ihre ursprüngliche Funktion. So entstand beispielsweise im römischen Amphitheater von Arles eine eigene kleine Stadt, wie noch eine Ansicht des Arleser Rathausarchitekten Peyret aus dem Jahre 1686 zeigt.

Eine der ältesten Stadtansichten Avignons, gezeichnet von Nicolas Depré im Jahre 1514. Nachdem 1376 Papst Gregor XI. Avignon verlassen hatte, gehörten die Stadt und die umliegende Grafschaft Venaissin noch bis 1797 offiziell zum Kirchenstaat.

lich in der Provence eine neue Residenz. Ein Vierteljahrhundert dauerte dieses «Babylonische Exil», als welches es Dante gebrandmarkt hat. Unter den Nachfolgern Clemens V., Benedikt XII. und Clemens VI., entstand zwischen 1334 und 1352 die neue päpstliche Wohnstatt in Avignon, die man immer als «Papstpalast» tituliert findet. Treffender wäre die Bezeichnung «Papstbunker», denn ihr martialisches Äußeres läßt keinen Zweifel an der Bestimmung als Fluchtburg. Erst den Bemühungen Petrarcas, der heiligen Birgitta von Schweden, der heiligen Katharina von Siena und anderer prominenter Zeitgenossen ist es zu danken, daß schließlich 1376 Gregor XI. nach Rom zurückkehrte.

Obwohl die Grafschaft Venaissin, das Umland von Avignon, noch bis zum Frieden von Tolentino 1797 offiziell zum Kirchenstaat gehörte, hat das Papsttum, abgesehen vom Papstpalast in Avignon, keine nennenswerten Spuren in Südfrankreich hinterlassen. Zugleich mit dem Fortgang der Päpste trat das Midi Ende des 14. Jahrhunderts auf lange Sicht von der großen europäischen Bühne ab.

Renaissance und Barock

Daß Provence und Languedoc trotz der fortschreitenden Zentralisierung nach Ende des Hundertjährigen Krieges (1453) nicht das Schicksal zahlreicher anderer Provinzen des Landes teilten, die in völlige Bedeutungslosigkeit versanken, verdanken sie zwei Umständen: Zum einen garantierten die Mittelmeerhäfen, allen voran Marseille und Montpellier, einen gesicherten wirtschaftlichen Rang. Für einen deutlichen Aufwind sorgten die quirligen Aktivitäten des Jacques Cœur, eines Kaufmanns aus Bourges, der es in den Jahren des zu Ende gehenden Hundertjährigen Krieges zu unermeßlichem Reichtum gebracht hatte. Zu seinen zahllosen Schuldnern zählte selbst Karl VII., der Jacques Cœur zu seinem Finanzminister ernannt hatte. Acht Jahre lang war Montpellier das Zentrum des Wirtschaftsimpe-

Zeitgenössische Darstellung der Ermordung des Rechtsanwaltes Nicolas Lescuyer in der Eglise des Cordeliers in Avignon 1791. Verfechter des Kirchenstaates standen in diesem Jahr den Anhängern Frankreichs in bürgerkriegsähnlichen Kämpfen gegenüber. Nachdem im September 1791 bekannt wurde, daß der französische Staat Avignon annektieren wollte, fanden die Auseinandersetzungen in der Ermordung Lescuyers ihren Höhepunkt. Jedoch erst 1797 stimmte der damalige Papst der Abtretung Avignons an den französischen Staat zu.

riums dieses «französischen Fuggers», danach verlegte er seine Verwaltung nach Marseille. Als Jacques Cœur zu mächtig geworden war, fiel er in Ungnade. Er floh nach Rom und starb 1456 auf Rhodos im Kampf gegen die Türken. Zum anderen konnten sich beide Landschaften einen gewissen Sonderstatus erkämpfen. Die Generalstände (Vertreter der Geistlichkeit, des Adels und des Bürgertums) der Languedoc wählten das Städtchen Pézenas zu ihrem Tagungsort, das Parlament der Provence hatte seinen Sitz in Aix-en-Provence.

In zahlreichen Städten sind historische Stadtkerne erhalten geblieben, die vorwiegend von Bauten der Renaissance gebildet werden. In erster Linie sind zu nennen: Nîmes, Pézenas und Montpellier. Die dortigen Bauten sind die Hinterlassenschaft eines handeltreibenden und wohlhabenden Bürgertums, keine epochemachenden Denkmäler. In der zweiten Hälfte des 16. Jahrhunderts zogen die Religionskriege erneut eine Blutspur durch das Land, denn weite Teile der Bevölkerung, besonders der Languedoc, hatten sich der protestantischen Reform Calvins angeschlossen. 1598 beendete das beherzte «Edikt von Nantes» König Heinrichs IV. den unseligen Bürgerkrieg; doch 1685 brachen die Wunden erneut wieder auf, als Ludwig XIV. die in dem Edikt garantierte Religionsfreiheit wieder aufhob. Viele, die sich der Einkerkerung oder Ermordung entziehen konnten, flohen ins Ausland. Die Languedoc war von diesem Exodus weit stärker betroffen als die Provence. Dort hatte man es besser verstanden, sich mit der Zentralgewalt zu arrangieren, das Parlament hatte schließlich sogar eine Teilautonomie ertrotzt. Das Erscheinungsbild der Städte spiegelt die historische Entwicklung des Midi im 16. und 17. Jahrhundert deutlich wider: Während auf rechtsrhônischer Seite Denkmäler der Renaissance (16. Jahrhundert) den Ton angeben, dominieren auf linksrhônischer Seite solche der Barockzeit (17./18. Jahrhundert). Die großzügigen Stadtpalais in Aix-en-Provence sowie die Kirchen in Avignon, Toulon, Arles, Nizza und Menton sind Ausdruck für das Eigenverständnis eines Landes, das – aller Bevormundung zum Trotz – niemals sein Selbstwertgefühl verloren hat. Als weitere

Einer der Künstler, der durch das intensive Licht des Südens und die Farbenpracht der Landschaft zu immer neuen Werken inspiriert wurde, war der 1888 nach Arles gekommene Vincent van Gogh.

Denkmäler dieser Epoche kommen etliche Schlösser hinzu: Ansouis, Lourmarin, La Tourd'Aigues im Lubéron und, als das größte von allen, Grignan in der Landschaft Tricastin.

Aus Marseille ging Frankreichs bedeutendster Bildhauer des 17. Jahrhunderts hervor, Pierre Puget (1620 bis 1694), der bei Cortona in Rom gelernt und an der Ausstattung des Palazzo Pitti in Florenz teilgenommen hatte. In seiner Person wird zugleich deutlich, wie stark in dieser Zeit die Hinwendung Südfrankreichs zu Italien war. Dennoch wollte der spezifisch römisch-barocke Pathos in Frankreich nicht heimisch werden. Hier wurde die auftrumpfende Sprache des Barock in einem klassizistischen Sinne sublimiert, weshalb sich auch in Frankreich der Begriff des *style classique* eingebürgert hat.

Montpellier, die traditionsreiche Universitätsstadt, erlebte nach den Zerstörungen, die es in den Religionskriegen erlitten hatte, auf der Wende vom 17. zum 18. Jahrhundert einen glanzvollen Wiederaufbau. Mit einem dem Pont du Gard nachempfundenen Aquädukt, dem Château d'Eau und einer von dort ausgehenden Allee, deren Achse durch ein monumentales Reiterstandbild des Sonnenkönigs und einen Triumphbogen markiert wird, wurde ein größerer städtebaulicher Komplex geschaffen, der den urbanen Leistungen der Metropole kaum nachsteht. Zur selben Zeit entstand in Nîmes mit dem Jardin de la Fontaine das heiter beschwingte Beispiel einer weitläufigen Parkanlage französisch-barocken Zuschnitts. So wußte der Midi auch weiterhin sein eigenes Gesicht im Spannungsfeld zwischen Einflüssen aus Nordfrankreich und Italien zu wahren.

Im Bann des Midi: Die Kunst des 20. Jahrhunderts

Seit der Erkundung des Seewegs nach Indien um das Kap der Guten Hoffnung durch Vasco da Gama und der Entdeckung der Neuen Welt durch Christoph Kolumbus Ende des 15. Jahrhunderts hatte der Mittelmeerhandel empfindliche Rückschläge erlitten – Venedig

Fortsetzung Seite 79

In Cagnes-sur-Mer bei Nizza verbrachte Auguste Renoir die letzten Lebensjahre bis zu seinem Tod 1919.

Das Atelier Paul Cézannes. Nach seinen Lehrjahren in Paris kehrte der 1839 geborene Maler in seine Heimatstadt Aix-en-Provence zurück, wo er seine künstlerische Werkstätte einrichtete.

Als Pablo Picasso Ende der vierziger Jahre nach Vallauris an der Côte d'Azur kam, begann er, sich intensiv mit Keramik und Bildhauerei zu beschäftigen.

Der Schriftsteller, Maler und Filmregisseur Jean Cocteau zu Beginn der fünfziger Jahre in seiner Villa in Nizza.

Auch den 1881 in der Normandie geborenen Künstler Fernand Léger zog es nach Südfrankreich. Er ließ sich, nach dem Zweiten Weltkrieg aus der amerikanischen Emigration zurückgekehrt, in Gif-sur-Yvette an der Côte d'Azur nieder.

Dem Surrealisten Max Ernst lag wenig am turbulenten Leben der «Côte». Er zog sich in den kleinen, im bergigen Hinterland von Cannes gelegenen Ort Seillans zurück.

Der Maler Henri Matisse verbrachte seine letzten Lebensjahre in Nizza und Vence, wo er 1946 bis 1950 die Chapelle du Rosaire in sehr unkonventionellem Stil ausstattete.

In den fünfziger Jahren wurde die Côte d'Azur zum Treffpunkt der internationalen Filmschickeria. Stars wie Jean Paul Belmondo (oben) und Brigitte Bardot (unten) zogen viele hierher, die – wenigstens von Ferne – das Leben der «Großen» der Filmwelt einmal sehen wollten.

Jedes Jahr im Frühsommer wird Cannes zum Platz eines der größten Medienspektakel Europas: Zum Internationalen Filmfest trifft sich dann, wer Rang und Namen in der Filmwelt hat, aber auch, wer hofft, die große «Entdeckung» des nächsten Filmfests zu werden. Foto von 1985.

Zeitungsverkäufer an der Promenade des Anglais in Nizza. Foto von 1946.

war das prominenteste Opfer der damit verbundenen Neuorientierung des Welthandels. Für eine Wiederbelebung sorgten erst die Kolonisierung Nordafrikas und die Eröffnung des Suezkanals 1869. Unter allen Hafenstädten der französischen Mittelmeerküste wußte sich Marseille am wirkungsvollsten den daraus entstehenden Nutzen zu sichern. Die Stadt erlebte seitdem eine rasante Expansion und ist heute mit weit über einer Million Einwohnern die zweitgrößte Stadt Frankreichs. Unabhängig von dem erneuten wirtschaftlichen Auftrieb entdeckten ebenfalls noch im 19. Jahrhundert die Engländer als traditionelle Wegbereiter des Tourismus die Schönheiten und das in den Wintermonaten besonders milde Klima der Côte d'Azur. Was damals noch den Hauch der Exklusivität hatte, ist heute allerdings zum «Verschiebebahnhof» des internationalen Massentourismus geworden. Bevor jedoch diese für den Charme der Côte, wie sie meist kurz genannt wird, verhängnisvolle Entwicklung nach 1945 einsetzte, wurde das sonnenverwöhnte Land zwischen Menton und Arles zur Wiege der modernen Kunst. Die Wirkung des aus Aix-en-Provence stammenden Paul Cézanne ist mit jener Giottos und Caravaggios verglichen worden, die als Wegbereiter neuer Zeitalter gelten – Giotto als Prophet der Renaissance, Caravaggio als jene künstlerische Kraft, die das Tor zum Barockzeitalter aufstieß. Cézanne führte die Malerei aus der Gegenständlichkeit in die Abstraktion; in seinen Werken wurzelt der Kubismus. Diese Entwicklung, die sich in den letzten Jahren des vorigen Jahrhunderts anbahnte, wurde von Vincent van Gogh, der sich 1888 in Arles niedergelassen hatte und bereits im Jahr darauf in die Heilanstalt von Saint-Rémy übersiedeln mußte, mitgetragen. In den Bildern Cézannes und van Goghs vollendete sich der Impressionismus und zugleich wurden der Malerei neue Wege gewiesen. Anfang unseres Jahrhunderts zog es Henri Matisse zunächst an die Küste des Roussillon, nach Collioure, alsbald weiter an die Côte d'Azur. 1905 gilt als Geburtsjahr des Fauvismus, dessen geistiger Ziehvater Matisse war. In seinem Sog folgten Dufy, Rouault und zahlreiche andere in den Süden, der nun mehr und mehr zum Magneten wurde. Endlos ist die Reihe der Künstler, die sich bis heute in den Bann dieser Landschaft schlagen ließen. Pablo Picasso wählte die Provence zur zweiten Heimat. Hier begann er, neben der Malerei auch in anderen Kunstrichtungen zu experimentieren. In Vallauris verschrieb er sich für zwei Jahre der Töpferei. Ebenfalls beteiligte sich Matisse an dieser Sprengung des traditionellen Rahmens, indem er für die Chapelle de Rosaire in Vence nicht nur die Wandbilder, sondern zugleich die gesamte Ausstattung bis hin zu den farbigen Fenstern entwarf. Dem Bann des Midi erlagen so unterschiedliche Persönlichkeiten wie Braque, Signac und Seurat, Bonnard, Renoir, Léger, Camoin und Max Ernst – die Liste ließe sich beliebig fortsetzen.

Es stellt sich die Frage, ob es sich nicht bei all diesen Künstlern – ausgenommen Paul Cézanne – um Fremdlinge handelt, deren Werke als fremde «Implantate» in Südfrankreich entstanden. Aus der historischen Sicht des Südens ist diese Betrachtungsweise von der Hand zu weisen. Der Midi ist zu allen Zeiten ein Schmelztiegel gewesen, in dem sich unterschiedliche Kulturen berührten, miteinander vermengten und in der Symbiose mit der Landschaft bleibende Leistungen zeitigten. Dies ist nicht zu vergleichen mit dem «Zugvogelverhalten» des eiligen Touristen, der die schnellebige Sensation sucht. Wer in das Wesen des Südens eintaucht, wird hinter der Postkartenidylle jene Faszination erspüren, denen die großen Genies erlagen: Das gleißende Licht, die klimatischen Extreme und die bizarren landschaftlichen Kontraste des Midi sind eine Herausforderung an die Lebenskraft und die schöpferische Energie des Menschen.

LANGUEDOC

Die Natur übertraf hier unsere gespanntesten Erwartungen, aber die Menschen sind anders, als wir sie uns dachten. Unter dem Landmann herrscht nicht die ewige Freude, die kindlich reine Lust am Leben, welche Yorik und von Thümmel uns als hier einheimisch malten. Das glückliche Klima, die leichtere Nahrung, der Überfluß an lieblichem Wein stimmen freilich die Menschen hier eher zur Lust, ihr leichteres Blut fließt hüpfender durch ihre Adern. Manche Sorgen für Kleidung, Vorrath an Lebensmitteln und Wärme für den Winter, die den armen Nordländer drücken, kennen sie nicht. Um die Zukunft kümmern sie sich etwas weniger als wir; sie lachen mehr, singen mehr, und raschere Freude belebt ihren Tanz an Festtagen. Aber in der Woche sahen wir auch hier bei den Landleuten, so lange die Sonne am Himmel steht, nur saure Arbeit, und Abends Sehnsucht nach Ruhe, wie bei uns. Keine Margot, keine Nanette wurden wir gewahr; von der Sonne verbrannte Bäuerinnen, die schwere Lasten auf den Köpfen tragen und schon auf zehn Schritte weit nach Knoblauch riechen.

Johanna Schopenhauer, 1803

Der Cirque de Mourèze, ein unzugänglicher Felskessel in der Nähe der Stadt Clermont l'Hérault.

Nächste Doppelseite: Das Dorf Saint-Guilhem-le-Désert am Rande der Cevennen, in dessen Mitte die Kirche des 804 von Herzog Wilhelm von Aquitanien gegründeten Klosters liegt.

Seite 84/85: Der Pont d'Arc, ein Fels in der Form eines Triumphbogens, überspannt die Ardèche bei Vallon-Pont-d'Arc. Rund vierzig Kilometer windet sich der Fluß von hier in den Gorges de l'Ardèche, den Ardèche-Schluchten, bis er in die Rhône mündet.

Blumenverkauf in Narbonne.

Blick auf den Pont Vieux in Béziers. Im Hintergrund erhebt sich die im 13. und 14. Jahrhundert erbaute Kathedrale Saint-Nazaire.

Der Canal du Midi bei Béziers. Im 17. Jahrhundert begeisterte sich der aus Béziers stammende Pierre-Paul Riquet für den bereits von den Römern entwickelten Plan, den Atlantik durch einen Kanal mit dem Mittelmeer zu verbinden. Er investierte sein Vermögen in den Kanal, der dann allerdings doch nur vom Bassin de Thau bei Sète bis nach Toulouse gebaut werden konnte.

Nächste Doppelseite: *Im Musée lapidaire in Narbonne finden sich vor allem archäologische Funde aus römischer Zeit, die im Gebiet der heutigen Stadt Narbonne gemacht wurden.*

Das im 17. Jahrhundert erbaute Bürgerhaus Hôtel d'Alphonce in Pézenas.

Galerie eines Hauses in Pézenas.

Treppenaufgang des Bürgerhauses Hôtel Lacoste in Pézenas.

Die auf einem schmalen Landstreifen zwischen dem Bassin de Thau und dem Mittelmeer gelegene Stadt Sète.

Sète besitzt nach Marseille den wichtigsten Mittelmeerhafen Frankreichs.

Wenige Kilometer vom Etang de l'Ayrolle liegt das Dorf Gruissan. Etwas nordöstlich davon entstand eines der großen Ferienzentren der Languedoc.

An der Mündung des Hérault liegt das malerische Städtchen Agde.

Nächste Doppelseite: Der Arc de Triomphe in Montpellier. Er wurde 1691 zu Ehren von Ludwig XIV. errichtet.

LUDOVICO MAGNO LXXII ANNOS REGNANTE
DISSOCIATIS REPRESSIS CONCILIATIS GENTIBUS
QUATUOR DECENNALI BELLO CONJURATIS
PAX TERRA MARIQUE PARTA 1715

Im ehemaligen Sitz des Erzbischofs von Narbonne, dem Palais des Archevêques, ist heute das Rathaus untergebracht.

Alfred Pletsch

Der Midi – natürliche Gegebenheiten und Landschaften

Die Faszination, die das mediterrane Frankreich seit Jahrhunderten auf viele Menschen ausübt, ist nicht zuletzt in der Vielfalt der Landschaft begründet. Bizarre Steilküsten in der östlichen Provence, die vegetationsarmen provenzalischen Kalkgebirge, die klimatisch so außerordentlich begünstigten Küstenhöfe und Buchten, dann aber auch das fruchtbare und wirtschaftlich so bedeutende Rhônetal, die weiten, teilweise versumpften Küstenebenen der Camargue und der Languedoc, deren Hinterland wiederum Kalkgebirge und Plateaulandschaften bilden, schließlich ganz im Süden des Landes die Pyrenäen: all das ist *le Midi de la France*, jener legendäre Teil Frankreichs, wo die Romanisierung des Landes begann und wo Wirtschaft und Kultur schon in der Antike zu hoher Blüte gelangten.

Trotz dieser Vielfalt wird der Midi häufig als eine charakteristische Großlandschaft bezeichnet. Eine Abgrenzung gelingt am ehesten unter vegetationsgeographischen Gesichtspunkten, wobei die Gleichsetzung der Nordgrenze des Midi mit der nördlichen Verbreitungsgrenze des Ölbaums heute allgemein anerkannt ist. Damit gehören die Südabdachung der Westalpen (Seealpen, Provenzalische Alpen) und der südliche Teil der französischen Kalkalpen zum Midi. Im Rhônetal verschiebt sich die Grenze etwas nach Norden bis auf die Höhe von Montélimar. Im Westen reicht der Ölbaum in die Täler der Cevennen hinein, ist hier aber durch die aus dem Gebirge abfließende Kaltluft schon sehr gefährdet. Demgegenüber finden sich in dem Hügelland zwischen Nîmes, Montpellier und Béziers heute noch intensiv gepflegte Olivenbestände.

Der so abgegrenzte Midi unterteilt sich in zwei große Landschaften: in die *Côte d'Azur* und ihr Hinterland im Osten und die *Languedoc* mit dem sich um Perpignan ausweitenden *Roussillon* im Westen. Das Herzstück dieser beiden Landschaften bildet die *Provence*. Trotz ihrer räumlichen Nachbarschaft unterscheiden sich diese Landschaften grundlegend. Im Ostteil tritt mit den Seealpen und den Provenzalischen Alpen das alpine Kettengebirge direkt bis an das Mittelmeer heran. An diese sogenannten Alpes de Provence, die im wesentlichen aus während des Tertiärs gefalteten Kreidekalken aufgebaut sind, schließen sich nach Südwesten hin Jurakalke an, die hier weitgespannte Plateaulandschaften bilden, in welche sich die Flüsse tief eingeschnitten haben. Diese tiefen Einschnitte werden als *Gorges* bezeichnet. Zu den berühmtesten gehören die des Verdon, eines Nebenflusses der Durance, der sich im Grand Canyon du Verdon auf einer Länge von über zwanzig Kilometern zwischen 250 und 700 Meter tief in das Gestein eingefressen hat.

Der Küstenabschnitt zwischen Hyères (östlich von Toulon) und Cannes unterscheidet sich deutlich von den Kalkklippen der Nizzaer Voralpen oder den Küstenformen der zwischen Marseille und Toulon bis ans Meer herantretenden Kalkprovence. Alte, meist vulkanische Gesteine (Porphyr, Granit, Gneis) bilden hier das Maures- und das Esterel-Bergland. Die zum Meer hin steil abfallende Küste hat aufgrund des rötlichbraunen Gesteins eine besondere Bezeichnung: Côte Vermeille (französisch *vermeil, -eille* = karminrot). Der Küstencharakter ändert sich westlich Toulon, wo die Kalkprovence wiederum in Klippen zum Mittelmeer hin abbricht und wo die *Calanques*, tief eingeschnittene, «ertrunkene» Talzüge, die von schroffen Felsen flankiert sind, eine bizarre Szenerie bilden.

Der Entwicklung des Fremdenverkehrs verdankt der provenzalische Küstenabschnitt zwischen Menton und Marseille seine Bezeichnung. Im Jahre 1839 taucht zum ersten Mal

Bei Gourdon, einem der «Villages perchés», der einst zum Schutz gegen Eindringlinge errichteten Bergdörfer an der Côte d'Azur.

der Begriff *Riviera* in Anlehnung an den italienischen Küstenstreifen zwischen Nizza und La Spezia auf. Der Begriff Französische Riviera wird jedoch nicht einheitlich gebraucht. Zuweilen bezieht er sich auf den Abschnitt zwischen Menton und Toulon, zahlreiche Autoren verwenden ihn für das Gebiet zwischen Menton und Fréjus, wieder andere für den Küstenabschnitt mit den berühmt gewordenen Fremdenverkehrszentren Cannes, Antibes, Nizza, Monaco und Menton.

Ende des 19. Jahrhunderts tritt dann der wesentlich poetischere Begriff *Côte d'Azur* auf, wenngleich in der Folge auch diese Bezeichnung verschiedenen Küstenabschnitten gilt. Sie wird heute im allgemeinen für den Abschnitt zwischen Saint-Raphaël und Menton gebraucht, für den Teil also, der sich östlich an die Côte Vermeille anschließt.

Die landschaftliche Schönheit der Provence wird ergänzt durch eine besondere klimatische Gunst und eine ebenso artenreiche wie charakteristische mediterrane Vegetation. Das angenehme Klima ergibt sich vor allem aus der Lage im Windschatten der sich im Norden anschließenden Gebirge. Durchschnittstemperaturen von 22 Grad Celsius im August sind zwar nicht extrem, doch günstig für den Badetourismus. Die Januartemperatur beträgt im Mittel 8 Grad Celsius. Abgesehen von gelegentlichen Gewitterschauern im Sommer fallen die Hauptniederschläge im Herbst und im Frühjahr. Sie sind jedoch im Vergleich zu anderen mediterranen Gebieten relativ gering. Marseille hat pro Jahr lediglich 550 Millimeter Niederschlag, der östliche Küstenabschnitt erhält bis zu 880 Millimeter (Nizza).

Entscheidend für die Vegetation sind Ausgangsgestein und Klima. Der geologischen und topographischen Vielfalt entsprechend ist die Flora der Provence eine der artenreichsten im ganzen Mittelmeerraum. Als charakteristische Pflanzenformation ist die *Garrigue* anzusprechen, gekennzeichnet durch niedrige Sträucher, durch die immer wieder das Gestein hindurchragt. Die Garrigue ist allerdings nicht die angestammte Pflanzenbedeckung, sondern eine Folgevegetation. Ursprünglich gab es wohl hier wie in anderen mediterranen Ländern lichten Wald mit Steineichen, Korkeichen oder anderen immer-

Am Canyon du Verdon, dem nördlich von Castellane in der Haute-Provence gelegenen Schluchtengebiet des Verdon.

grünen Laubbäumen. Schon seit der Antike, aber auch noch während des gesamten Mittelalters und bis in die Neuzeit hinein wurden diese Wälder durch den Menschen zerstört. Unter den gegebenen klimatischen Bedingungen erfolgte ein rasches Abspülen der entblößten, ohnehin nur dünnen Bodendecke und damit eine Vernichtung der Lebensgrundlage der Pflanzen. Nur in Mulden, Nischen, flachen Talzügen und Becken blieb zumindest teilweise der Boden erhalten. Dort wo er nicht landwirtschaftlich genutzt wurde, entwickelte sich – vor allem auf Kalkgestein – als Ersatzgesellschaft die Garrigue. Ihre charakteristischen Elemente sind unter anderem Lavendel, Thymian, Rosmarin, Salbei, Asphodelos, Wolfsmilch und verschiedene Wildtulpen. Viele dieser Kräuter und Gräser finden sich als *Herbes de Provence* in den Feinschmeckerküchen der ganzen Welt. Bei etwas günstigeren Bodenverhältnissen und höheren Niederschlägen findet sich die *Macchie*, in der noch zahlreiche baumartige Pflanzen vorkommen. Hierzu gehören insbesondere Steineichen, baumartige Erikagewächse, Judasbaum, Mastixstrauch, Erdbeerbaum, Kermeseiche, verschiedene Ginster- und Zistusarten, Lorbeer, Myrthe, Oleander usw.

Wald findet sich allerdings auch heute noch, trotz des jahrhundertelangen Raubbaus durch den Menschen. In den Kalkgebieten der östlichen Provence sind es ausgedehnte Aleppokieferbestände, die im Maures- und Esterel-Gebirge von Seestrandkiefern abgelöst werden. Wenngleich heute große Anstrengungen zur Erhaltung bzw. Erneuerung der Pflanzenbestände unternommen werden, kommt es doch alljährlich zur Zerstörung großer Areale durch Brände, von denen nur jeder zwanzigste auf natürliche Ursachen (etwa Blitzschlag) zurückgeht. Die meisten Brände entstehen durch die Unachtsamkeit von Touristen – trotz abschreckender Strafen. Im 16. Jahrhundert drohte demjenigen noch der Strang, der ein offenes Feuer in der Nähe eines Waldes entfachte, und Napoleon erließ gar die Anweisung, daß Brandstifter am Ort ihrer Missetaten direkt zu erschießen seien.

Neben den heimischen Pflanzen sind die zahlreichen Arten zu erwähnen, die durch den Menschen in die Provence eingeführt wurden und die heute als Nutz- oder Zierpflanzen

Nicht nur als Urlaubsort, auch als Altersruhesitz erfreute sich die Côte d'Azur bereits im 18. und 19. Jahrhundert großer Beliebtheit. Alte Villen mit weitläufigen Parks – wie hier in Nizza – vermitteln noch heute ein Bild vom alten Luxus der «Côte».

große Bedeutung haben. Den für den gesamten Mittelmeerraum charakteristischen Ölbaum und die Weinrebe brachten Phönizier und Griechen nach Südfrankreich. In der weiteren Geschichte führten die Invasoren jeweils Pflanzen ein, die heute aus der Flora dieses Raumes nicht mehr fortzudenken sind. Den Römern verdankt die Region eine der heute wohl typischsten Baumarten, die Säulenzypresse, den Arabern den Johannisbrotbaum. Die Handelsverbindungen mit dem Fernen Osten seit dem Hochmittelalter und die Zeit der Entdeckungen im ausgehenden Mittelalter sowie der beginnenden Neuzeit bescherten dem Midi dann weitere Pflanzen, von denen nur die Apfelsine aus Ostasien erwähnt sei.

Von besonderer Bedeutung für das Vegetationsbild der Provence wurde das 19. Jahrhundert, als in Verbindung mit dem sich entwickelnden Fremdenverkehr in einigen Gegenden regelrechte Parklandschaften entstanden. Vor allem die Engländer hatten aus aller Welt Pflanzen mitgebracht und damit die Parks ihrer luxuriösen Villen geschmückt. Diese Parks gehören bis heute zu den besonderen Sehenswürdigkeiten. Allein dreißig verschiedene Palmenarten wurden durch die Engländer eingeführt. Daneben seien nur einige weitere Pflanzen erwähnt, so der aus Australien stammende Eukalyptusbaum, der Südamerikanische Pfefferbaum, die bizarr wirkenden Araukarien sowie Kasuarinen, Mimosen, Drachenbäume, Stechapfel, Pittosporum, Agaven, Indischer Feigenbaum (Opuntie), Zedern, Glyzinien, Geranien und die aus der Südsee stammende und besonders farbenprächtige Bougainvillea.

Im Westen greift die Kalkprovence fingerförmig in das Rhônetal hinein. Geradezu gigantisch wirkt dabei der Mont Ventoux, dessen provenzalischer Name auf die zuweilen sehr stürmische Wettersituation in der Gipfelregion hinweist (provenzalisch *ventoux* = französisch *vent* = Wind). Mit 1909 Meter Höhe überragt er das Rhônetal und bietet von seinem Gipfel eine Aussicht bis zum Mittelmeer. Besonders interessant ist auch hier die Vegetation. Da die durchschnittliche Jahrestemperatur am Gipfel um 11 Grad Celsius niedriger liegt als am Bergfuß, erlebt man auf einer relativ kurzen Strecke den Übergang von der

Der Mitte des 17. Jahrhunderts errichtete Pavillon Vendome, einer der zahlreichen Adelspalais der Stadt Aix-en-Provence.

mediterranen zur subalpinen bzw. alpinen Vegetation. So tritt der für Spitzbergen typische Steinbrech ebenso wie in Grönland vorkommende Mohnarten in der Gipfelregion auf, während am Ostabhang um Sault weite Lavendelfelder, und am westlichen Bergfuß um Carpentras Obst- und Weinkulturen zu finden sind.

Eine andere Erhebung ist das Lubéron-Gebirge, das sich in der Chaîne des Alpilles fortsetzt. Es gehört zu den sehenswertesten Landschaften der Provence. Kulturgeographische Besonderheiten sind die zahlreichen *Bories*, aus Steinplatten ohne Mörtel aufgetürmte, meist runde Bauten, die früher als Schäferhütten, als Speicher, oft aber auch als Wohnungen dienten.

Der Höhenzug der Alpilles ist heute durch die Durance vom Lubéron-Gebirge getrennt. Dies war erdgeschichtlich nicht immer so, vielmehr floß die Durance ursprünglich bei Salon-de-Provence südwestlich weiter. Der Bereich südlich der Alpilles bis hin zum Golf von Fos ist ein riesiger alter Schotterfächer der Durance, die Crau. Die Alpilles trennen dabei die ihr südlich vorgelagerte sogenannte Große Crau von der nördlich gelegenen, aus jüngeren Duranceschottern aufgebauten Kleinen Crau. Die reichen Bauxitvorkommen der Alpilles haben von einer der berühmtesten Sehenswürdigkeiten der Provence, Les Baux-de-Provence, ihren Namen. Von der Höhe der alten Schloßruine aus hat man einen großartigen Ausblick auf die provenzalische Landschaft mit den bizarren Kalkfelsen im Hintergrund und der sich gegen das Meer hin ausbreitenden Camargue. Wie die Crau wird auch die Camargue in eine Große und eine Kleine Camargue unterteilt. Die Große Camargue ist der Bereich, der von den beiden Mündungsarmen der Rhône (Große Rhône und Kleine Rhône) umschlossen wird. Die Kleine Camargue schließt sich westlich an und reicht bis zu einer alten Rhôneterrasse, der Costière du Gard.

Die Camargue ist das Mündungsdelta der Rhône, die aufgrund ihrer hohen Fließgeschwindigkeit und des großen Wasservolumens erhebliche Materialmengen aus den Alpen mitbringt. Jährlich werden von ihr etwa zwanzig Millionen Kubikmeter Schotter,

Nahe dem Ort Gordes im Vaucluse-Hochland liegt Village des Bories, ein Freilichtmuseum, in welchem die Reste eines Dorfes aus dem 17. Jahrhundert zu besichtigen sind. «Bories» werden einfache, ohne Mörtel erbaute Steinhütten genannt, die Hirten und Bauern noch bis ins 20. Jahrhundert als Wohnungen und Ställe dienten.

Sand und Kies im Delta abgelagert, ein Volumen, mit dem man ganz Paris mit einer fünfundzwanzig Zentimeter dicken Schicht bedecken könnte. An manchen Stellen dringt das Delta bis zu fünfzig Meter pro Jahr in das Meer vor. An anderen Stellen bricht die Küste aber auch wieder ab. Saintes-Maries-de-la-Mer, das im Mittelalter einige hundert Meter von der Küste entfernt lag, muß heute durch einen Deich geschützt werden.

Nach Norden hin endet das Delta bei Beaucaire und Tarascon. Von hier an bildet das Rhônetal jenen markanten Grabenbruch, welcher das Zentralmassiv und die Alpen voneinander trennt und der sich über die Burgundische Pforte in den Oberrheingraben fortsetzt. An seinen Rändern geht das Rhônetal in ein Hügelland über, bevor der Steilanstieg in die umgebenden Gebirge erfolgt. Diese Hügelzonen sind die bevorzugten Standorte des Weinbaus.

Die eigentliche Talzone der Rhône ist mit fruchtbaren Schwemmböden bedeckt, die seit dem frühen 19. Jahrhundert intensiv genutzt werden. Beeinträchtigend wirkt jedoch der *Mistral*, der kalte Fallwind, der aus dem Zentralmassiv abfließt und sich dann rhôneabwärts bei entsprechenden Luftdruckgegensätzen (Tiefdruck über dem Golfe de Lion, Hochdruck im Gebirge) noch verstärkt. Besonders im Frühjahr und im Herbst stellt der Mistral für die Menschen eine Belastung und für die Landwirtschaft eine Bedrohung dar. Nur durch Windschutzhecken ist man in der Lage, die Wucht des Windes etwas zu brechen.

Die zweite Großlandschaft des Midi, die Languedoc, stellt sich in vielerlei Hinsicht anders dar. Dies zeigt sich schon in den Landformen, die wesentlich leichter zu gliedern und insgesamt weniger differenziert sind. Der auffallendste Unterschied gegenüber der Côte d'Azur betrifft die Küstenformen. Auf fast zweihundert Kilometer Länge finden sich hier ausgesprochene Küstenebenen, zwischen fünf und etwa fünfzig Kilometer breit. Von ihrer Entstehung her sind sie die westliche Fortsetzung der Camargue. Durch die Meeresströmungen im Golfe du Lion wird nämlich ein Teil des von der Rhône in das Meer abgelagerten Materials westwärts transportiert und an die Küsten angelagert. Dadurch

Fortsetzung Seite 107

In der Windmühle oberhalb des Dorfes Fontvieille bei Arles soll Alphonse Daudet 1869 seine «Briefe aus meiner Mühle» geschrieben haben. Allerdings ist heute ziemlich sicher, daß Daudet zwar eine Mühle in dieser Gegend besaß, seine «Briefe» jedoch bei Freunden in Fontvieille und in Paris schrieb.

Die Burganlage von Allemagne-en-Provence in der Haute-Provence wurde um 1500 von den Baronen von Castellane errichtet.

Bei Castellane in der Haute-Provence. Hier erreicht die Route-Napoléon – so benannt, weil auf ihr der aus dem Exil in Elba zurückgekehrte Kaiser nach Norden fuhr – die Schluchten des Verdon.

Weinfeld bei Vaison-la-Romaine in der nördlichen Provence.

Der Ort Villefranche-de-Conflet konnte sich wegen seiner günstigen Lage am Zusammenfluß von Tet, Cadi und Roja seit dem 11. Jahrhundert neben Corneilla zum zweitwichtigsten Ort der Landschaft Conflet in den Pyrenäen entwickeln.

Blick auf die westlich der Rhône liegenden Ardèche-Schluchten.

Peyrepertuse, eine der im Roussillon gelegenen Burgen der Albigenser, jener religiösen Gruppierung des 12. und 13. Jahrhunderts, welche nur den seelisch-geistigen Bereich als Werk Gottes anerkannte.– Wegen ihrer strikten Ablehnung der Kirche wurde in einem von Papst Innozenz III. veranlaßten Kreuzzug Anfang des 13. Jahrhunderts versucht, die Gruppe zu zerschlagen.

schiebt sich das Land immer weiter ins Meer vor, wodurch sich der Küstenverlauf in historischer Zeit laufend gewandelt hat. Narbonne etwa war bis ins Mittelalter eine bedeutende Hafenstadt, bis der Hafen versandete und der blühende Handel auf andere Hafenstädte überging.

Durch diese Küstenveränderungen wurden zahlreiche Buchten vom offenen Meer abgeschnürt. Dabei entstanden Brackwasserseen, die seither allmählich verlanden und deren Ufer weitläufige Schilf- und Sumpfzonen bilden. Es ist eine typisch amphibische Landschaft, die vom Menschen nur unter großen Anstrengungen genutzt werden kann.

Landeinwärts schließt sich ein Berg- und Hügelland an, das im wesentlichen aus Kalksteinen der Jura- und Kreidezeit besteht. Eingelagerte Becken sind mit Ablagerungen aus dem Tertiär gefüllt. Daraus ergibt sich hier ein buntes Landschafts- und Nutzungsmosaik. Wo sich Kalkgestein befindet, bestehen deutliche Parallelen zur Provence: die Vegetationsdecke ist nicht mehr geschlossen, die Flora weist Kümmerformen auf. In den Beckenlagen der Garrigue haben die jüngeren Ablagerungen zwar keine intensive, aber doch recht einträgliche Landwirtschaft ermöglicht. Hier war in früheren Zeiten oft die Verbindung mehrerer Erwerbsquellen – Olivenanbau im Bereich der Kalkberge, Getreideanbau in den Becken, zuweilen der Bergbau oder auch die Holzwirtschaft – für die Existenzsicherung notwendig.

Als dritte natürliche Einheit folgt dann das Gebirge, wobei die Cevennen mit ihren kristallinen Schiefern und Gneisen die südlichste Bastion des Zentralmassivs bilden. Bis heute stellen sie eines der waldreichsten Gebiete Südfrankreichs dar, in dem früher besonders die Kastanienbäume von großem wirtschaftlichem Nutzen waren. Auch der Maulbeerbaum verdient Erwähnung, da er bis ins späte 19. Jahrhundert hinein die Grundlage für die Seidenraupenzucht war. Mit dem Übergang von der Garrigue zu den Hochflächen der Causses wandelt sich die Landschaft. Weite, fast tischebene Plateaus, die durch tiefe Erosionsrinnen zerschnitten sind, verleihen den Causses einen monotonen Charakter, wenngleich es nicht an beeindruckenden Naturschönheiten fehlt. Hierzu gehören, ähnlich wie in der Provence, die Schluchten. Die Gorges du Tarn lassen sich durchaus mit den Gorges du Verdon vergleichen. Daneben finden sich zahlreiche Höhlen, die teilweise sehr gut erschlossen und zu Hauptattraktionen für den Fremdenverkehr geworden sind. Die Nordgrenze dieser Plateaulandschaft bedeutet gleichzeitig die Grenze des Midi zu Zentralfrankreich, da mit zunehmender Höhe die mediterrane Vegetation verschwindet und mit dem alten Rumpfgebirge des Zentralmassivs ein völlig anderer Landschaftstyp erreicht wird. Die Dreigliederung der Languedoc wird in der Aquitanischen Schwelle unterbrochen. Hier tauchen die kristallinen Gesteine des Zentralmassivs unter verschiedenaltrige Sedimentgesteine ab und kommen erst in den Pyrenäen wieder zum Vorschein. So ergibt sich ein Durchgangsland, das schon früh für den Handel genutzt wurde. Narbonne wurde von den Römern bewußt am Kreuzungspunkt der Nord-Süd-Verbindung mit der Ost-West-Verbindung angelegt. Die berühmte Festungsstadt Carcassonne entwickelte sich an diesem frühen Handelsweg zu hoher wirtschaftlicher Blüte.

Im Mittelgebirge der Corbières findet sich am Nordrand der Pyrenäen das Gegenstück zur Garrigue. Es bildet den Übergang zu den Pyrenäen und damit zu einem Kettengebirge, das aus sehr alten Gesteinen aufgebaut ist. Nur an wenigen Stellen ist dieses Gebirge durchbrochen, so daß Frankreich durch eine massive natürliche Barriere gegenüber Spanien abgegrenzt ist.

Klimatisch ist die Languedoc gegenüber der Côte d'Azur benachteiligt. Gemäß der Stufung der Landschaft besteht eine Zunahme der Niederschläge von etwa 500 bis 600 Millimeter im Küstenbereich auf 700 bis 800 Millimeter in der Garrigue. Mit dem Übergang ins Gebirge erfolgt dann ein rasches Ansteigen bis auf 2000 Millimeter. Dabei ist zu berücksichtigen, daß die Niederschläge vorwiegend im Herbst und im Frühjahr fallen, also nicht in der eigentlichen Wachstumsperiode der Anbaupflanzen, und oft vom durchschnittlichen Jahresverlauf abweichen. Hinzu kommt, daß der größte Teil der Niederschläge als Starkregen fällt, wobei das Wasser ungenutzt abfließt, ja häufig sogar katastrophale Überschwemmungen verursacht. So fielen in der Stadt Nîmes im Oktober 1988 an einem einzigen Tag 420 Millimeter Niederschlag (= 420 Liter pro Quadratmeter), was unbeschreibliche Schäden anrichtete. Dem stehen ausgesprochene Dürrejahre gegenüber, in denen die Kulturen bewässert werden müssen. Schließlich gibt es auch, ähnlich wie im Rhônetal, kalte Bergwinde, welche die frostempfindlichen Nutzpflanzen in der Niederen Languedoc gefährden. Berüchtigt ist der *Cers* im Gebiet von Béziers oder aber der *Tramontane* im Roussillon.

Die Besonderheit des Midi als Naturraum besteht also im Nebeneinander von verschiedenen Küstenformen, hügeligen Mittelgebirgslandschaften und weiten Plateauflächen auf kleinem Raum. Selbst das Hochgebirge ist fast von jeder Stelle aus sichtbar, wenngleich es nicht mehr zum Midi gehört.

Einheitlicher ist das Klima. Mit seinen warmen, trockenen Sommern und den milden, feuchten Wintern gehört der Midi insgesamt dem mediterranen Klimabereich an. Gelegentlich stoßen allerdings die regenbringenden Tiefdruckgebiete der mitteleuropäischen Westwindzone gegen Süden vor, besonders während des Winterhalbjahres. Die Nähe der sich nördlich anschließenden Klimazone hat auch immer wieder Kaltluft-Einbrüche zur Folge. Trotzdem wird durch die ausgleichende Wirkung des Mittelmeeres, das ja im Gegensatz zum Atlantik bis in große Tiefen noch im Winter Wassertemperaturen von etwa 13 Grad Celsius aufweist, ein mildes winterliches Klima erreicht.

Relativ einheitlich, allerdings in deutlicher Abhängigkeit von Ausgangsgestein und lokalen Klimagegebenheiten, ist auch die Vegetation des Midi, wobei die Garrigue (und Macchie) als die kennzeichnende, quasi-natürliche Formation anzusprechen ist. Nur in wenigen Gebieten haben sich geschlossene Waldareale erhalten. Diese Einheitlichkeit und diese Vielfalt des französischen Südens haben bewirkt, daß auch in den wirtschaftlichen Strukturen und den touristischen Entwicklungsmöglichkeiten dieses Landesteiles Gemeinsamkeiten und Gegensätzlichkeiten in gleichem Maße auftreten.

Alfred Pletsch

Der Fremdenverkehr: Vom Luxuskurbetrieb zum Massentourismus

Für viele verbindet sich mit den Namen Provence, Riviera oder Côte d'Azur die Vorstellung von Grandhotels, Spielkasinos, exotischen Parks oder Strandpromenaden. Damit wird jedoch nur ein Aspekt der Fremdenverkehrsentwicklung des Midi erfaßt, nämlich die Phase des klassischen Wintertourismus, die bereits im späten 18. Jahrhundert einsetzte und die der französischen Mittelmeerküste zu Weltruf verhalf.

Seitdem hat der Fremdenverkehr tiefgreifende Wandlungen erfahren, die auch die klassischen Zentren zur Umorientierung gezwungen haben. Zu Beginn des 20. Jahrhunderts erfolgte allmählich der Übergang vom Wintertourismus zum Badetourismus, ohne bereits zu jener Massenbewegung zu werden, wie sie in den letzten dreißig Jahren Europa erfaßt hat. Bei der klassischen Form des Wintertourismus handelte es sich eigentlich um einen Winterkurverkehr, der vor allem durch die Engländer begründet und getragen wurde. Berührt wurden davon meistens Orte, in denen sich schon vorher aufgrund der günstigen Klimabedingungen ein Kurverkehr ausgebildet hatte, an dem vor allem Rheumatiker, Gichtkranke, Katarrhanfällige, Asthmatiker oder Tuberkulöse teilnahmen. Als erster reiner Küsten-Winterkurort war um 1750 Hyères entstanden. Kurze Zeit später folgten in Nizza, das allerdings bis 1860 noch zum Königreich Savoyen gehörte, die ersten Kureinrichtungen. So wurde dort im Jahre 1772 der Strand terrassiert, 1777 bekam die Stadt ein Theater und ein Kasino. Im Winter 1787 hielten sich 115 Familien, vorwiegend Engländer, zu einem Kuraufenthalt in Nizza auf. Die Engländer waren es auch, die in den Jahren 1822 bis 1824 den Bau der berühmten Strandpromenade anregten und finanziell unterstützten. Sie trägt bis heute den Namen *Promenade des Anglais.* Villen mit prächtigen Parks und manchen vorher in diesem Raum unbekannten Pflanzen wurden entlang der Promenade angelegt. Zu den Engländern gesellte sich allmählich das gesamte europäische Großbürgertum: Russen, Deutsche, die Franzosen und andere.

Zu Beginn des 19. Jahrhunderts wandelten sich zahlreiche weitere Orte zu Fremdenverkehrszentren. Ebenfalls auf englische Initiative geht der Ausbau von Cannes ab 1835 zurück. Um die Mitte des Jahrhunderts finden sich in Menton die ersten Urlauber ein, und der Reichtum Monte Carlos beginnt mit der Anlage des Kasinos im Jahre 1863, also drei Jahre nach der Angliederung der Grafschaft Nizza an Frankreich. Die rasche Entwicklung Monte Carlos war vor allem deshalb möglich, weil in Frankreich (bis 1932) Glücksspiele verboten waren. Dieses Verbot betraf nicht das Fürstentum Monaco, das hieraus Kapital zu schlagen verstand.

Mit der Aufnahme des Bahnverkehrs zwischen Paris und Marseille im Jahre 1855 und dem Ausbau der Strecke bis nach Ventimiglia 1872 nahm der Fremdenverkehr in den Zentren weiter zu. Um diese Zeit entstanden auch die Grandhotels mit prachtvollen Fassaden, weitläufigen Parks, großen Hotelauffahrten und mit einer luxuriösen Innenausstattung, mit großen Zimmersuiten und einem Personalaufwand, den man sich heute kaum mehr vorstellen kann. Im allgemeinen blieben die Gäste fünf bis sechs Wochen, teilweise jedoch erheblich länger. Das gesellschaftliche Leben wurde während der Wintermonate nach Südfrankreich verlegt.

Seinen Höhepunkt erreichte dieser «Mondän-Tourismus» vor dem Ersten Weltkrieg. Dabei wirkte er sich auch schon auf Orte des Hinterlandes oder andere Orte der Küstenregion aus (etwa Beaulieu als beliebtes Ausflugsziel der Gäste von Nizza oder Cap d'Antibes,

Saint-Raphaël, Saint-Tropez, wo zahlreiche Villen, Restaurants und kleine Hotels entstanden waren). Daß der Badetourismus bei alledem unwesentlich war, zeigt sich darin, daß die Strandverhältnisse für die Auswahl der Fremdenverkehrsorte kaum eine Rolle spielten. Nizza hat beispielsweise einen unwirtlichen Schotterstrand und entspricht damit überhaupt nicht den Vorstellungen, die man sich heute von einem idealen Badeort macht.

Tiefgreifende Veränderungen brachte der Erste Weltkrieg. Die russischen und deutschen Gäste blieben aus, und auch Engländer kamen weniger. Neu hinzugekommene Gäste aus Amerika und dem Orient hatten geringen Einfluß auf die Entwicklung, zumal sich auch die Vorstellung von Urlaub und Erholungsaufenthalt verändert hatte. Die Gäste kamen vermehrt im Sommer – und damit setzte der Badetourismus ein. Vor dem Ersten Weltkrieg wurden noch 60 Prozent der Gäste in Nizza während der Wintermonate registriert, doch schon in den zwanziger Jahren überwogen die Sommergäste.

Die gewandelten Ansprüche an die Fremdenverkehrseinrichtungen führten zu tiefgreifenden strukturellen Veränderungen. Beim Wintertourismus hatte die Hotelsuite im wesentlichen eine Wohnfunktion, der Größe und Einrichtung entsprechen mußten. Nun aber diente das Hotel nurmehr der Übernachtung, und damit waren die Komfortansprüche deutlich geringer. Diese Situation brachte viele Grandhotels in Bedrängnis, da eine Anpassung an die neuen Verhältnisse nur mit sehr hohem Kostenaufwand erreicht werden konnte. So entstanden vor allem Hotels der mittleren und unteren Kategorie, während sich die Luxushotels nur allmählich umstellten, indem sie die ehemaligen Suiten und Großappartements in kleinere Raumeinheiten aufteilten.

Der Massentourismus veränderte die Landschaft und das Wirtschaftsgefüge der Küstenorte abermals. Das zeigt sich deutlich am Beispiel der ehemaligen «Perle der französischen Riviera», an Nizza. Die 1988 mit knapp 350 000 Einwohnern fünftgrößte Stadt des Landes verfügt heute nach Paris immer noch über die höchste Hotelbettenkapazität und wird mit sechs Millionen Übernachtungen pro Jahr lediglich von der Hauptstadt übertroffen. Während aber die durchschnittliche Aufenthaltsdauer um die Jahrhundertwende bei fünf Wochen lag, beträgt sie heute nur zwei Tage. Nizza hat also nur noch die Funktion eines «Etappenortes», der von vielen Touristen wegen seiner berühmten Vergangenheit kurzfristig aufgesucht, aber eben selten für einen längeren Aufenthalt ausgewählt wird.

Mit dem Massentourismus verlor Frankreich die beherrschende Stellung, die es lange im europäischen Tourismus hatte. Die großen Touristenströme bevorzugen das billigere Spanien oder Italien, die sich an die modernen Bedürfnisse anpaßten und schon bald im Tourismus ihre wichtigste Devisenquelle hatten. Sogar immer mehr Franzosen zogen die Küsten Spaniens oder Italiens den eigenen vor.

Nach erfolglosen Versuchen, das alte Image aufzupolieren und die Bedeutung der französischen Riviera als eines der mondänen Fremdenverkehrszentren hervorzuheben, entschloß man sich schließlich auch hier dazu, durch moderne touristische Einrichtungen den neuen Strömungen gerecht zu werden, ohne deswegen die traditionellen Zentren in ihrem Charakter völlig zu zerstören.

Geradezu beängstigend ist allerdings inzwischen die Verbreitung der Campingplätze. Allein die Zahl der klassifizierten Plätze im Midi stieg in den letzten Jahren auf über 1200 an, auf denen alljährlich Millionen von Touristen bei oft chaotischen Verkehrsverhältnissen versuchen, trotz hoffnungsloser Überbelegung noch ein freies Areal zu finden. Im mediterranen Frankreich zwischen Menton und Perpignan befinden sich heute fast ein Drittel aller Campingplätze Frankreichs!

Ein weiteres Element, welches das Landschaftsbild stark verändert hat, sind die seit den sechziger Jahren errichteten Appartementhochhäuser. Von der Architektur her zum Teil futuristisch konzipiert, sind sie oft mit den Hafenanlagen verknüpft und verkörpern damit einen neuen Siedlungstyp, der auch an anderen Küsten des Mittelmeeres immer häufiger auftritt: die sogenannte Marina-Siedlung. Ihr Prinzip ist die Anordnung der Wohneinheiten um das Hafenbecken herum, wobei jedes Appartement oder zumindest jeder Block einen direkten Zugang zum Hafen besitzt. Parallel zur Zunahme der Marina-Siedlungen im

Fortsetzung Seite 119

Akrobat am Hafen von Marseille. Um 1900.

Bis in die fünfziger Jahre hinein war Saint-Tropez noch eines der vom Tourismus kaum berührten Fischerdörfer der Côte d'Azur. Um 1930.

Wäscherinnen am Paillot in Nizza. Um 1890.

Am Bassin Lympia, dem Hafenbecken von Nizza. Um 1900.

Fischmarkt am Hafen des an der Küste der Languedoc gelegenen Sète. Um 1900.

Bereits um die Jahrhundertwende zählte der Boulevard de la Croisette zu den beliebten Promenaden in Cannes; der heute überfüllte Strand wurde damals allerdings noch von niemand genutzt.

An der Strandpromenade vor dem Kasino von Monte Carlo. Heute befindet sich hier das ultramoderne Kongreßzentrum der Stadt. Um 1890.

Die Promenade des Anglais mit dem Palais de la Jetée in Nizza. Um 1900.

Terrasse vor dem Kasino in Monte Carlo. Hier und in den umliegenden Parkanlagen wurden um die Jahrhundertwende die zum täglichen Amüsement gehörenden Nachmittagskonzerte gegeben. Um 1900.

Nächste Doppelseite: Blick in das Restaurant de la Réserve in Marseille. Um 1900.

Der jeden Februar in Nizza stattfindende Karneval hat seinen Ursprung bereits in den einfachen «fêtes» des 13. Jahrhunderts. In den siebziger Jahren des letzten Jahrhunderts wurde daraus ein Fest mit gigantischem Umzug, Straßentanz, Bällen und Feuerwerk. Ihren Höhepunkt erreicht die Veranstaltung noch heute am «Mardi Gras», am Faschingsdienstag, mit der Verbrennung des Königs Karneval.

Bereich der französischen Mittelmeerküste (z.B. Marina-Baie-des-Anges, Cannes-Marina, Cogolin, Port-Camargue und zahlreiche andere) läuft die wachsende Bedeutung des Yacht- und Segelsportes in den letzten Jahren. Die Bebauung der provenzalischen Küste ist heute teilweise reglementiert, da die Infrastruktur oft schon überlastet ist und die Gefahren einer wilden Zersiedlung nicht übersehbar sind. Der Tourismus stellt ohnehin für das labile ökologische System der Region eine erhebliche Belastung dar.

Im Siedlungsbild kommt auch die Funktion der Provence als «Alterssitz der Franzosen» zum Ausdruck. Die sogenannten Lotissement-Siedlungen finden sich vor allem im Bereich des Gebirgszuges der Maures und des Esterel-Gebirges: Einfamilienhaussiedlungen, welche oft provenzalische Stilelemente verwenden. Die Häuser, meist in Privatbesitz, werden zum Teil während der Sommermonate durch Agenturen an Touristen vermietet.

Der Andrang zu den Küsten Südfrankreichs während der Sommermonate hat in den letzten Jahren dazu geführt, daß auch die Orte des Hinterlandes stärker vom Fremdenverkehr erfaßt wurden. Besonders Gäste der gehobenen Einkommensschichten meiden die überfüllten Küsten zunehmend, um in diesen Dörfern noch die Ruhe und unverfälschte Schönheit der provenzalischen Landschaft zu finden.

Besonders die *villages perchés*, im Hochmittelalter entstandene Höhensiedlungen, sind sehr beliebt. Beispiele dafür sind Gordes, östlich von Fontaine-de-Vaucluse, oder Tourettes-sur-Loup im Departement Alpes-Maritimes, die durch angesiedelte Künstlerkolonien zu kleinen Zentren des Kunstgewerbes wurden. Die alten provenzalischen Häuser sind, unter Beibehaltung der äußeren Fassaden, meistens innen modern umgestaltet worden.

Aber auch das gebirgige Hinterland der Provence blieb vom Massentourismus nicht verschont. Nachdem sich die Gebirgsregionen seit dem vorigen Jahrhundert entvölkerten, löste vor allem der Wintersport neue Entwicklungsimpulse aus. Pra-Loup, Le Foux-d'Allos, Isola 2000, Orcières, Merlette und viele andere sind heute international bedeutsame Wintersportzentren, die sich im Laufe der letzten Jahrzehnte fast aus dem Nichts entwickelt haben.

Während also der östliche Teil des Midi durch die Anpassung an die neuen Formen des Fremdenverkehrs seinen Ruf als bedeutendstes Fremdenverkehrsgebiet Frankreichs erhalten hat, befand sich die Region Languedoc – Roussillon in einer ungleich schwierigeren Situation. Sie hatte an dem Aufschwung des modernen Massentourismus zunächst nur Anteil als «Etappenstation» für die Hunderttausende, die in das benachbarte Spanien reisten. Dieser Durchgangsverkehr bedeutete für die Region alljährlich eine kaum zu bewältigende Belastung, da Straßen und Eisenbahnzüge in den Hauptreisezeiten hoffnungslos überlastet waren.

Die französischen Planungsbehörden und Politiker sahen diesen Transitverkehr mit wachsender Besorgnis. Im Rahmen der Dezentralisierungspolitik zu Beginn der sechziger Jahre wurden daher Konzepte für die touristische Erschließung der Küste der Niederen Languedoc und des Roussillon entwickelt, um die großen Touristenströme zumindest teilweise im eigenen Land aufzufangen. Dazu mußte jedoch ein etwa 200 Kilometer langer Küstenabschnitt neu erschlossen werden. Der fast durchgehende Sand- und Dünenstrand bot sich für den Badetourismus geradezu an. Der große Nachteil dieser Küste lag indessen darin, daß ihr die landschaftliche Attraktivität der provenzalischen Küste fehlte. Hinzu kam die Insektenplage in dieser Sumpflandschaft. Trotz dieser negativen Vorzeichen ließen sich die Planungsbehörden nicht abschrecken, an den Küsten der Languedoc eine Fremdenverkehrslandschaft «aus der Retorte» zu entwickeln. Mit der Planung von sechs «touristischen Zentren» wurde unter Einbeziehung des vorhandenen bescheidenen Potentials eine Gesamtbettenkapazität von fast einer Million vorgesehen.

Die Camargue blieb von diesen Planungen nicht ausgeschlossen, obwohl sie als Naturpark und als ein in Europa einmaliges Vogelreservat nicht durch Großprojekte verändert werden darf. Trotzdem hat sie durch den modernen Tourismus erhebliche Beeinflussungen erfahren. Viele Höfe haben ihre wirtschaftliche Basis heute nicht mehr in der Landwirtschaft, sondern im Tourismus. Es muß zu den traurigen Begleiterscheinungen des moder-

Fortsetzung Seite 129

ROUSSILLON

Den folgenden Tag, es war der erste Julius, setzten wir unsere Reise nach Prades fort; frühe um 8 Uhr waren wir endlich hart am Fuße der Pyrenäen; wir hatten das Vergnügen, fast eine halbe Stunde weit, rechts und links am Wege, Granathecken neben uns zu erblicken, die mit den schönsten Blüthen wie überschneiet waren; es war ein prächtiger Anblick; auch begegneten uns überall Maulbeerbäume von ungewöhnlicher Größe und Schönheit; seit einigen Tagen sahen wir auch Ölbäume mit ungeheuren Stämmen; überhaupt waren wir jetzt auf allen Seiten von der schönsten, üppigsten Vegetation umringt; schöne, hohe, mannigfaltiggeformte, lieblich übergrünte Berge erhoben sich vor uns, und zu unserer Linken; ein Reichthum der allerschönsten, größten, laubreichsten Bäume überdeckte in Gruppen und Linien die Landschaft, und beschattete unsern Weg, was uns auf den prächtigen Landstraßen bisher gefehlt hatte.

Kleine Waldbäche und Quellen eilten, mit lieblichem Gemurmel oder lautem Geräusche, zahlreich links von den Höhen herab, und wässerten die schönen Wiesen, die sich auf unserer rechten Seite, neben reichen Getreidefeldern hin erstreckten; Sangvögel flatterten in den Zweigen umher, und ergötzten uns mit wohlbekannten Melodien; besonders willkommen umtönten uns wieder die lange entbehrten Gesänge der Nachtigall.

Ölbäume mit lermenden Cigalen mischten sich noch ferner unter ihre nördlichen Brüder. Rechts und links waren nun die Getreidefelder mit Garbenhäufen übersäet, und prächtig blühende, an der Straße zerstreute, Granatgebüsche hörten nicht auf uns zu ergötzen. Eine Menge fröhlicher Landleute aus den nahen Dörfern begegneten uns auf der lieblich beschatteten Straße; die Weiber hatten weiße Tücher über den Köpfen. Jetzt erblickten wir links, hoch oben auf den Felsen, schöne Ruinen eines alten Schloßes, denen ein düsteres, hohes und fernes Gebirg mit Schneestreifen zum Hintergrunde diente. Es war ein köstlicher Morgen.

Christoph Friedrich Mylius, 1817

Die Kirche Saint-Vincent an der Hafeneinfahrt von Collioure. Durch Henri Matisse, der den Ort an der Côte Vermeille 1905 «entdeckte», wurde Collioure als Geburtsstätte des Fauvismus weithin bekannt.

Nächste Doppelseite: Unmittelbar hinter Collioure erheben sich die Ausläufer der Pyrenäen. Rechts der Château Royal, eine im 13. Jahrhundert erbaute Festungsanlage.

Die einzige erhaltene Torburg der Stadtmauer von Perpignan, «Le Castillet», heute Museum für Volkskunst und Brauchtum des Roussillon.

«Le Café Catalan» in Perpignan. Bis zum Pyrenäenfrieden im Jahre 1659 gehörte das Roussillon nicht zu Frankreich, sondern zum Königreich Aragon. Noch heute spricht fast die Hälfte der Einwohner des Roussillon katalanisch.

Die Kathedrale Saint-Jean in Perpignan, zu der König Sancho von Mallorca 1324 den Grundstein legte. Infolge des Untergangs des Königreichs Mallorca konnte die geplante dreischiffige Kirche nicht fertiggestellt werden, sondern mußte durch eine einschiffige Kirche, die erst 1509 geweiht wurde, ersetzt werden.

Nächste Doppelseite: Über der Stadt Carcassonne erhebt sich die «Cité», eine der besterhaltenen mittelalterlichen Wehranlagen Europas. Zwei imposante Mauerringe, in deren Innerem sich die eigentliche Burg erhebt, durchziehen die Stadt.

Das abgelegene Kloster Saint-Martin-du-Canigou wurde im 11. Jahrhundert gegründet. Nachdem die Anlage im 19. Jahrhundert weitgehend zerstört war, konnte das ursprüngliche Erscheinungsbild des Klosters nur mühsam rekonstruiert werden.

nen Massentourismus gezählt werden, daß heute die «Wildpferde» für Touristen bereitstehen, die dann unter Führung eines «Touristencowboys», der den traditionellen *gardian* ersetzt, zu den wilden Stieren geleitet werden und dabei, wenn sie Glück haben, ein paar verschreckte Flamingos zu sehen bekommen. Diesem Trend entsprechend nennt man die Höfe nicht mehr *mas*, sondern oft *ranch* und verlegt damit Wildweststimmung in einen Raum, in den diese so gar nicht paßt.

Unmittelbar am Übergang von der Camargue zur Niederen Languedoc entstand eine der größten touristischen Anlagen, La Grande-Motte, die sich aus mehreren Teilstationen zusammensetzt und die aufgrund ihrer eigenwilligen architektonischen Konzeption mit pyramidenförmig angelegten Appartementhochhäusern weltweit bekannt geworden ist. Von hier aus zieht sich der Tourismuskomplex weiter über Carnon bis Palavas, der Montpellier vorgelagerten ehemaligen Strandsiedlung. Diese bisher am weitesten ausgebaute touristische Einheit verzeichnet heute über eine Million Übernachtungen pro Jahr.

Gerade im Falle solcher ehrgeiziger und kostspieliger Projekte wie der Erschließung der Küsten der Niederen Languedoc für den Fremdenverkehr müssen Erfolgsmeldungen wie «ständig zunehmende Übernachtungszahlen» oder «wachsende Rückwirkungen auf die lokale Wirtschaft» sehr kritisch beurteilt werden. In der Languedoc ist die Touristensaison auf die Monate Juli und August konzentriert. Auf diese beiden Monate entfallen rund 80 Prozent der im Jahr registrierten Übernachtungen. Dies bedeutet, daß auch nur zwei Monate lang Arbeitskräfte benötigt werden, für die in den übrigen zehn Monaten des Jahres kaum Arbeitsgelegenheiten bestehen.

Ein weiteres Problem betrifft die Herkunft der Touristen. Die Erwartung, hier die nach Spanien gerichteten Touristenströme aus Mittel- und Nordeuropa auffangen zu können, wurde nicht erfüllt. Lediglich sieben Prozent der Übernachtungen werden nämlich von Ausländern gebucht. Der mit Abstand größte Anteil der Besucher ist lokaler Herkunft (rund ein Viertel); nimmt man die benachbarten Räume hinzu, so beträgt der Anteil der Touristen aus der eigenen Region fast 50 Prozent. Bei den Käufern der Appartements liegt der Anteil der in der Region ansässigen Bevölkerung noch höher. Sie nahmen die Chance wahr, die staatlich unterstützten und daher recht billigen Appartementwohnungen selbst aufzukaufen und sich damit eine Wochenendwohnung am Strand zu erwerben. So vermitteln die Touristenzentren oft den Eindruck von Wochenend- oder Sommersiedlungen für die Bewohner der größeren Städte im unmittelbaren Hinterland.

Die wirtschaftliche Erschließung der Region Languedoc – Roussillon hat ihre strukturelle Schwäche nicht im gewünschten Maße abbauen können. Sehr aufwendige Maßnahmen im Agrarsektor haben zwar zu Einkommensverbesserungen geführt, jedoch auf die Gesamtregion bezogen die Probleme nicht beseitigt. Investitionen im industriellen Bereich, etwa im Gebiet um den Golf von Fos, haben bei weitem nicht die erhofften Rückwirkungen gezeigt. Ähnliches gilt für den Tourismus, der hier mit großen Investitionen aus der öffentlichen Hand aktiviert werden sollte, um damit Anteil am internationalen Fremdenverkehrsgeschäft zu bekommen. Vielleicht ist es aber auch heilsam, wenn nicht alle Planungsvorstellungen verwirklicht werden können, denn die Veränderungen in der Natur- und Kulturlandschaft, die dadurch bewirkt werden, verdecken schon jetzt allzusehr die Originalität der Region.

Thorsten Droste

Eine literarische Reise durch Südfrankreich

Lyon ist das Tor zum Süden […] Hier, wo sich in der drittgrößten Stadt Frankreichs Saône und Rhône vereinigen, um gemeinsam dem bereits Legende gewordenen Delta der Camargue entgegenzuströmen, sollte der Wallfahrer ins Sonnenland der Provence das Tor aufstoßen, das für ihn die Verheißung einer glücklichen Ferienzeit bedeutet. *Peter Jokostra, 1979*

Die Jahreszeiten der Provence wechseln leise in der Nacht. Du siehst, du hörst sie nicht kommen. Eines Morgens wachst du auf und hast einen neuen Schatz. Das Blühen findet kein Ende von Valence, dem Tor des Sonnenreiches, bis hinunter ans Meer, dem die hellen Götter entstiegen. *René Schickele, 1939*

Selbst die Annäherung über die Autobahn läßt noch spüren, daß man irgendwo zwischen Vienne und Valence in eine andere, in die mediterrane Kultur eintritt. Für mich sind die runden braunen Ziegel, die sich noch auf einem Haus in Lyon befremdlich ausnehmen würden, das Zeichen; sie sind wie ein Zitat. *Karl-Heinz Götze, 1987*

Das Tor zur Provence ist der Trimphbogen von Orange, er ist die schönste, zugleich die abweisendste Pforte zum Süden, zur lateinischen Welt. *Wolfgang Koeppen, 1961*

Soviel Autoren, soviel Tore zum Süden scheint es zu geben. Ich habe auch mein privates Schlupfloch: Es liegt bei La Garde-Adhémar; da erhebt sich links auf der Anhöhe die Silhouette der romanischen Kirche, Wachposten und Vorbote grenzenloser Schätze zugleich, Gralshüter, eine feste Burg des Glaubens – gegenüber, hart am Ufer der Rhône, keine drei Kilometer nach Südwesten, ragen als zweiter Pfosten meines Tores zur Provence die Kühltürme des Atomkraftwerkes von Pierrelatte auf. Gestern und Heute, hier stehen sie sich gegenüber, unversöhnlich und einander fremd. Diese Kühltürme sind ein Stachel im Fleisch. Der aus dem provenzalischen Städtchen Manosque stammende Schriftsteller Jean Giono ist schon 1956 vehement gegen diese Ausgeburten des technischen Größenwahns zu Felde gezogen, als ein nur kleines Stück die Rhône weiter abwärts, in Marcoule, Frankreichs erstes Atomkraftwerk entstand. Damals wie heute wurde mit demselben, inzwischen ad absurdum geführten Spruch beschwichtigt: Das alles sei absolut ungefährlich. «Warum habt ihr es dann nicht in Paris, mitten auf den Champs-Elysées aufgestellt und euch den langen Weg hierher erspart?» konterte Giono.

Die ganze Provence ist inzwischen randvoll mit atomaren Monstrositäten: Pierrelatte, Mondragon, Marcoule, Cadarache; das Plateau d'Albion östlich vom Mont Ventoux ist mit den Abschußbasen der mit nuklearen Sprengköpfen beladenen Raketen der Force de Frappe gepflastert. Kontinuum der Geschichte: Seit jeher hat der Norden seine kalten Bauriesen in den Süden gepflanzt. Bestes Beispiel ist Aigues-Mortes am Rande der Camargue. Der Ort wurde im 13. Jahrhundert als Hafen für die Truppen des heiligen Ludwig aus dem Boden gestampft, einmal benutzt, und blieb seither der Versandung und Verödung preisgegeben. Heute pilgert man zu diesen Mauern und ergötzt sich an dem Trubel, den der Tourismus entfesselt hat. Maurice Barrès, Schriftsteller des ausgehenden 19. Jahrhunderts, vermochte in der steinernen Kulisse nichts anderes zu sehen, als eine *désolation incomparable*, eine unvergleichliche Trostlosigkeit. Ähnlich beschrieb Gertrud von Le Fort 1957 in ihrer Novelle *Der Turm der Beständigkeit* die Stimmung des Ortes: «Es

Der auf einem alten Gehöft im Dorf Sérignan-du-Comtat in der Provence lebende Jean-Henri Fabre verfaßte mit seinen «Souvenirs entomologiques» eines der Grundlagenwerke der Insektenkunde. Das um 1910 entstandene Foto zeigt Fabre an seinem Arbeitstisch – im Alter von fast 90 Jahren.

war ein trüber Tag voll silbergrauer Schwermut. Das Meer, das ehemals bis an die Mauern der Stadt herangewogt war, hatte sich zurückgezogen. Der Hafen war versandet. Wo sich einst die Kreuzfahrerflotte des heiligen Ludwig Psalmen singend ausgeschifft hatte, dehnte sich, soweit das Auge reichte, eine bleiche Sumpflandschaft, aus deren schilfiger Graswüste überall die weißen Kristalle hervorschimmerten, die das Salzwasser bei seiner Flucht zurückgelassen hatte und die nun der ganzen Landschaft einen toten, spukhaften Charakter verliehen. Wollte das Meer, der gewandelten Zeit folgend, sich auch seinerseits von der stolzen Vergangenheit lösen? Zog es sich trauernd von dieser Stätte zurück, wie die großen Schicksale es getan hatten? Der Prinz legte sich diese Frage nicht vor, während er leicht gelangweilt den Ausführungen seines Kaplans lauschte.»

Die Touristen legen sich diese Frage wahrscheinlich gleichfalls nicht vor, während sie leicht gelangweilt den Ausführungen ihres Reiseleiters lauschen.

Einen Steinwurf weiter: Die Betonburgen von Le Grau-du-Roi und La Grande-Motte, Ferienbunker, deren Bauherren, Geschäftsleute und Firmen aus Paris, ihre Vorhaben gegen den Widerstand der Einheimischen und zum Teil nur durch Zwangsenteignungen realisieren konnten. Erlebt man diese Bauten außerhalb der Urlaubssaison, entpuppen sie sich als gespenstische Verwandte des tausend Jahre älteren Aigues-Mortes.

Doch zurück zu «meinem» Tor. Ich schwenke ab vom Rhônetal, vorbei an der verträumten Ruine der Chapelle-du-Val-des-Nymphes schlage ich mich hinter La Garde-Adhémar in das krautige Gewuchere der Garrigue und erreiche Roussas, ein Dorf, das keiner kennt. Gottlob beobachtet mich niemand, während die Freude über die Ankunft in mir aufsteigt: Ich wandre über die taufrischen Wiesen und beginne zu singen; ich fühle mich als Bruder der Zikaden rings um mich her, deren nicht enden wollendes Konzert der Insektenforscher Jean-Henri Fabre, der doch für alle Phänomene der Natur eine logische Erklärung fand, als nichts anderes denn als Ausdruck der Lebensfreude bezeichnete: *joie de vivre*! Er lebte in der Nähe, nur knapp zwanzig Kilometer weiter nach Süden, in dem Dorf

Links: Der 1830 in dem kleinen Ort Maillane in der Provence geborene Frédéric Mistral gründete 1854 die «Félibrige», einen Schriftstellerkreis, der sich die Wiederbelebung der provenzalischen Sprache zur Aufgabe machte. Um 1900. Rechts: Alphonse Daudet trug mit seinem 1869 geschriebenen Erzählband «Briefe aus meiner Mühle» und anderen Werken dazu bei, das – etwas euphorische – Bild eines ewig heiteren, unbeschwerten Südfrankreich entstehen zu lassen. Das um 1910 aufgenommene Foto zeigt Daudet mit seiner Frau.

Sérignan-du-Comtat. Als Gleisarbeiter und Dorfschullehrer schlug er sich durch, bis ihm ein Kredit seines Freundes John Stuart Mill den Ankauf eines verlassenen Gehöftes, eines *mas*, ermöglichte. Den Garten ließ er mit einer mannshohen Mauer einfrieden und verwildern. Auf diesen wenigen Quadratmetern erforschte er, zwischen Steinen und im Sand schürfend, die Welt der Insekten, deren Leben er in den zehn großen Bänden der *Souvenirs entomologiques* beschrieben hat. An einem Schreibtisch, kaum handtuchgroß, ist jenes Monumentalwerk entstanden, das zum Fundament der modernen Verhaltensforschung wurde. Lebendiger ist Wissenschaft wohl selten betrieben und weitervermittelt worden: «Und wenn ihr, meine lieben Insekten, diese braven Leute nicht zu überzeugen vermögt, weil euch die Gewichtigkeit des Langweiligen abgeht, so laßt es mich ihnen sagen: Ihr weidet das Tier aus, und ich studiere es lebend; ihr macht aus ihm ein Ding des Schreckens und des Mitleids, ich mache, daß man es lieb gewinnt; ihr arbeitet in der Werkstatt der Folter und der Zerstückelung, ich arbeite unter dem blauen Himmel, beim Gesang der Zikaden [...], ihr erforscht den Tod, ich erforsche das Leben.»

Kurz vor seinem Tode – er starb 1915 im Dogenalter von zweiundneunzig Jahren – antwortete der «Homer der Insekten» einem Journalisten auf die Frage, ob er an Gott glaube: «Glauben? – Ich habe ihn gesehen!»

Einer von denen, die dem Bann Fabres erlagen, war der Schriftsteller Kurt Guggenheim: «Ich muß gestehen, was mich zu Fabre immer wieder hinzog, das waren nicht diese wissenschaftlichen Fragen, denen ich ja nur mit einer mangelhaften Vorbildung und ganz beschränktem Wissen gegenüberstand. Um was es mir ging, das war in erster Linie immer Fabres Persönlichkeit. Ich will keine langen Umschweife machen. Immer hat es in unserer Menschheitsgeschichte Heilige gegeben, die den Umgang, die Gesellschaft des Tieres suchten, weil sich ihnen in diesen Kreaturen das Göttliche am unmittelbarsten, in der naivsten Weise offenbarte. Jean-Henri Fabre, in seinem ‹Harmas›, sich über seine Insekten beugend, war für mich gleich einem Franz von Assisi, einem Thomas Morus [...]. Für die

Neben dem Musée Paul Valéry in Sète gehört die Grabstätte des Dichters auf dem dortigen Friedhof zu den wichtigsten «Pilgerstätten» auf den Spuren des «berühmtesten Sohns der Stadt».

Art, wie der Forscher seine Insekten beobachtete, mit jener geduldigen, unbestechlichen Genauigkeit, gibt es in unserer Sprache kein besseres Wort als: Andacht.»

Im Frühling 1908 war Frédéric Mistral bei Fabre zu Besuch, der Gast achtundsiebzig, der Gastgeber fünfundachtzig Jahre alt: «Bevor wir uns in Sainte-Estelle, dem Paradies der provenzalischen Dichter wiederfinden, wollte ich Sie, bevor ich sterbe, auf dieser Erde gekannt haben.» Mistral hatte noch einen anderen, sehr viel handfesteren Grund für die Visite. Fabre hatte über viele Jahre eine einzigartige Sammlung von Aquarellen aller in der Provence vorkommenden Pilzarten zusammengetragen. Diese wollte Mistral für sein Musée Arlaten erwerben. Die Transaktion scheiterte daran, daß sich kein Geldgeber fand und der stets von finanziellen Sorgen geplagte Insektenforscher den Schatz, den man heute in Sérignan bewundern kann, Mistral nicht kostenlos überlassen konnte. Vielleicht war Fabre letztlich sogar froh darüber. In einem Brief an Mistral gestand er wenig später, daß die Trennung von den Bildern ihm vorgekommen wäre, «als nehme man mir ein Stück von meiner Haut».

Während Fabre die großen Ehrungen lange versagt blieben, konnte sich Mistral bereits früh im Ruhm sonnen: 1904 erhielt er den Nobelpreis für Literatur und schon zu Lebzeiten wurde sein Denkmal auf der Place du Forum in Arles aufgestellt. Der Nationaldichter der Provence wurde 1830 auf dem Mas de Juge in Maillane in der Kleinen Crau geboren. Im nahen Saint-Michel-de-Frigolet ging er zur Schule. Nach dem Studium der Rechtswissenschaften zog er sich nach Maillane zurück und widmete sich ausschließlich dem Schreiben. 1854 gründete er zusammen mit Theodore Aubanel und Joseph Roumanille die *Félibrige*, einen Dichterzirkel, der sich die Wiederbelebung der provenzalischen Sprache zum Ziel gesetzt hatte. Fünf Jahre später wurde er mit dem Epos *Mirèio* auf einen Schlag berühmt – doch das Werk mußte erst ins Französische übersetzt werden: «Ich besinge ein junges Mädchen aus der Provence und seine frühe Liebe; ich, der ich ein geringer Schüler Homers bin, will ihr folgen bis zum Meer und ins Korn. Sie trägt keine Krone; man kennt sie nur

Links: Als die Asienforscherin Alexandra David-Néel 1925 nach Europa zurückkehrte, ließ sie sich bei der Stadt Digne in der Haute-Provence nieder. Ihr Haus mit dem klangvollen Namen «Samten Dsong», Festung der Meditation, kann heute besichtigt werden. Rechts: Lion Feuchtwanger kam, nachdem er 1933 auf einer Vortragsreise in den USA von der Machtergreifung Hitlers erfahren hatte, als einer der ersten deutschsprachigen Emigranten an die Côte d'Azur. Viele andere Schriftsteller, darunter Thomas und Heinrich Mann, Bertolt Brecht und Arnold Zweig, folgten ihm.

hier in der Crau, aber ich will sie erheben wie eine Königin in unserer verachteten Sprache.» «Per nosto lengo mespresado – in unserer verachteten Sprache», das war ein mutiges Bekenntnis in einer Zeit, in der Kinder, wenn sie in das gewohnte Idiom verfielen, in der Schule Prügelstrafen bezogen. *Mireille*, so die französische Namensform von *Mirèio*, beschreibt die unglückliche Liebe zweier junger Menschen aus unterschiedlichen sozialen Schichten. Mistral rahmt die Handlung, an deren Ende Mireille von den heiligen Marien erlöst in Saintes-Maries-de-la-Mer stirbt, mit Schilderungen aus der reichen provenzalischen Legenden- und Sagenwelt und eindringlichen Landschaftsbeschreibungen. Das Werk wurde von der Kritik bejubelt, der Autor als ein «Virgil der Provence» gefeiert. Aber hatte man Mistral auch richtig verstanden? Hinter dem Verhängnis des geschilderten Einzelschicksals steht die Tragödie des ganzen Südens. Mireille steht als Metapher für Südfrankreich, das, da es stets ein Spielball fremder Mächte war, gewaltsam daran gehindert wurde, zu seiner Identität zu finden.

Mistrals Werk läßt sich als «Gegenpol» zu den Erzählungen und Romanen Alphonse Daudets begreifen. Daudet ist es in erster Linie anzulasten, daß heute in den Köpfen vieler das Klischee vom ewig heiteren Süden herumgeistert. Zugegeben, seine 1869 geschriebenen *Briefe aus meiner Mühle*, Pflichtlektüre eines jeden Schülers, sind recht possierlich, doch handelt es sich meist um verzerrte Darstellungen der Wirklichkeit. Wie köstlich liest sich in *Das Maultier des Papstes* seine Beschreibung des päpstlichen Avignon: «Wer nicht Avignon zur Zeit der Päpste gesehen hat, hat nichts gesehen. An Fröhlichkeit, Bewegung, Festlichkeiten gab es nie eine ähnliche Stadt. Da zogen vom Morgen bis zum Abend Prozessionen und Pilgerzüge, da waren die Straßen mit Blumen übersät, mit Teppichen geschmückt, da kamen auf der Rhône Kardinäle an, mit im Wind flatternden Fahnen, da sangen die Soldaten des Papstes auf den Plätzen lateinische Lieder, [...] darüber das Läuten der Glocken und beständig das Rasseln einiger Tamburins unten, von der Gegend der Brücke her. Denn wenn bei uns das Volk zufrieden ist, muß es tanzen, ja es muß tanzen;

Links: Der in Avignon geborene Schriftsteller Henri Bosco zeigte in einem seiner Romane, dem 1945 entstandenen «Hof Theotime», auch die Ressentiments des Südfranzosen gegenüber dem Andersartigen und Fremden. Rechts: Der aus der Gegend um Marseille stammende Marcel Pagnol beschrieb in seinen zahlreichen Theaterstücken und Romanen auf sehr humorvolle Weise das südfranzösische Alltagsleben.

und da zu jener Zeit die Straßen der Stadt für die Farandole zu eng waren, so postierten sich Querpfeifen und Tamburins auf der Brücke von Avignon» – pardon, Herr Daudet: unter, u n t e r der Brücke muß es heißen – «im frischen Wind der Rhône, und Tag und Nacht tanzte man dort, tanzte man. Ach, die glückliche Zeit! Die glückliche Stadt!»

Einer, der es besser wissen muß, ein Augenzeuge des 14. Jahrhunderts, Francesco Petrarca, beschreibt das päpstliche Avignon gänzlich anders: «Wahrheit ist dort Wahnsinn, Enthaltsamkeit bäurische Einfalt, Keuschheit schlimmste Unzucht. Zügelloses Sündigen dagegen gilt für Hochherzigkeit und höchste Freiheit, und je befleckter ein Leben, um so glänzender ist es; je mehr Verbrechen, um so mehr Ruhm.» So schreibt er in einem Brief an seinen Freund Francesco Nelli; und an anderer Stelle heißt es: «Diese Stadt ist eine Abfallgrube, in der sich aller Unrat der Welt sammelt. Alles, was es auf Erden an Hinterhältigkeit, Gottlosigkeit und verabscheuungswürdigen Sitten gibt, findet sich dort angehäuft. Man verachtet Gott und betet statt dessen das Geld an,» – ein Satz von zeitloser Aktualität – «man tritt die göttlichen und menschlichen Gesetze mit Füßen.» Angewidert hat Petrarca Avignon verlassen und ist nach Italien gegangen. Doch eine tiefe Sehnsucht blieb, nicht etwa nach dem von ihm so hart mit Worten gegeißelten Sündenbabel, sondern nach Fontaine-de-Vaucluse, das er zärtlich seine «allerliebste transalpine Einsamkeit» nannte.

Wohl gerade, weil er so leicht verdaulich ist, läßt sich Daudet auch jetzt noch prächtig vermarkten. Tausende strömen heute zu seiner Mühle nahe dem Dorf Fontvieille und wähnen sich nahe der Inspirationsquelle des Dichters. Der hatte, einer skurrilen Laune folgend, zwar irgendwo hier in der Gegend eine Mühle gekauft, aber kein Mensch weiß heute mehr, welche das gewesen sein könnte. Den Touristen präsentiert man einfach die am besten erhaltene im Umkreis und gibt sie als die Mühle Daudets aus. Und die berühmten *Briefe aus meiner Mühle* sind beileibe nicht in einem derart ungemütlichen Gemäuer entstanden, nein, die gelangten in einem komfortablen Appartement bei Freunden in Montpellier und zum Teil in Paris zur Niederschrift.

Daudets Hauptwerk ist der *Tartarin aus Tarascon* – ein Erfolgsroman, in dem die Tölpelhaftigkeit und Großspurigkeit des Provenzalen aufs Korn genommen wird; allein schon deshalb ein Renner im Paris des ausgehenden 19. Jahrhunderts, weil die Provenzalen von den Parisern seit jeher in zahllosen Witzen verspottet wurden. Doch die eigentliche Aussage des *Tartarin aus Tarascon* – diesmal erwies Daudet sich als echter Schelmenmeister – ist nicht verstanden worden, denn nur in einer Marginalie hatte er einmal bemerkt, daß in jedem Franzosen etwas von Tartarin stecke. Erbost war nur einer: ein Monsieur Barbarin aus Tarascon. Denn ursprünglich hieß der Roman *Barbarin aus Tarascon.* Die Familie prozessierte mit Erfolg gegen den Autor, der Name mußte in *Tartarin* geändert werden.

Noch immer streife ich um Roussas, genieße den Rausch der Wiedersehensfreude, atme begierig den Duft von Thymian, Rosmarin und Lavendel ein. Ich fühle wie der kleine Marcel (Pagnol), als er zum ersten Mal die tiefe Zuneigung zu diesem Land in sich spürte: «Wir verließen das Dorf, nun begann der Zauber, und ich fühlte das Erwachen einer Liebe, die mein Leben lang dauern sollte. Eine unermeßliche Landschaft erhob sich vor mir im Halbkreis bis in den Himmel. Schwarze Kiefernwälder, durchzogen von Tälern, erstarben wie Meereswogen am Fuß dreier felsiger Gipfel [...]. Dort sah ich zum ersten Mal dunkelgrüne Büschel, die wie Zwergoliven aus dem Gras auftauchten. Ich verließ die Straße und lief zu ihnen, um ihre feinen Blätter zu berühren. Ein unbekannter Geruch, herb und stark, hüllte mich wie eine Wolke ein, stieg mir zu Kopf und drang bis in mein Herz. Es war Thymian, der auf dem Kies der Hochebene sproß. Diese Pflanzen waren zu meiner Begrüßung herunter gekommen, um den kleinen Schüler mit dem verheißungsvollen Parfüm des Virgil bekannt zu machen.» (*Marcel – eine Kindheit in der Provence*)

Die Sonne steigt höher und beginnt, mir den Schweiß aus den Poren zu treiben. Der Süden ist nichts für Charaktere, die den Ausgleich suchen. Er schlägt jene in Bann, deren Gefühlswelt sich in Extremen bewegt.

Vincent van Gogh war ein solcher. Bevor ihn seine Krankheit in den Freitod führte, schuf er in nur zwei Jahren die unzähligen Werke mit dem unverkennbar kantigen, wild bewegten Pinselstrich, die heute als Botschaften vom Licht des Südens in allen Museen der Welt zu finden sind. Wo wir gemeinhin im Spätsommer die Vegetation der Provence verbrannt wähnen, sah van Gogh eine schillernde Farbpalette. In einem der Briefe an seinen Bruder Theo heißt es: «Die Farbe ist hier eigentlich sehr zart. Wenn das Grün frisch ist, ist es ein reiches, sanftes Grün, wie wir es im Norden selten sehen. Wenn es verbrannt und staubig ist, wird es nicht häßlich; dann bekommt die Landschaft Goldtöne in allen Spielarten, grüngold, gelbgold, rosagold oder bronzen, kupfern und von zitronengelb bis zur mattgelb gedunkelten Farbe eines Haufens gedroschenen Getreides.» Mit Theo verband van Gogh eine innige Bruderliebe. Theo bewunderte den vier Jahre älteren Vincent, unterstützte ihn finanziell und wußte von dessen tragischer, gespaltener Existenz: «Es ist, als wohnten zwei Menschen in ihm, der eine wunderbar begabt und zart, der andere selbstsüchtig und hartherzig. Es ist traurig, daß er sein eigener Feind ist.»

Aber van Gogh hatte auch reale Feinde. Im April 1989 fand in Arles eine Ausstellung zur Erinnerung an sein Eintreffen in der Provence vor hundert Jahren statt. Der Prospekt zur Ausstellung erweckt den Eindruck, als habe man den Eigenbrötler mit offenen Armen empfangen. Das Gegenteil war der Fall. Er wurde angefeindet, diffamiert, geschnitten: «Während seines Aufenthaltes in Arles und im nahen Saint-Rémy schuf van Gogh Hunderte von Gemälden und Zeichnungen. Nichts davon ist in der Stadt verblieben, deren Einwohner an die Behörden ein Gesuch richteten, man möge den Maler in ein Irrenhaus sperren. Es ist aufbewahrt im Musée Arlaten in einer Vitrine, zur ewigen Schande der Krämer. Die Enkel würden ihren Großvätern zwar ihre Grausamkeit verzeihen, nicht aber die Dummheit, ein Vermögen ausgeschlagen zu haben, wie es jetzt noch die geringste der Skizzen repräsentiert, die mit dem Namen van Gogh signiert ist.» (Zbigniew Herbert)

Kaum anders erging es Paul Cézanne, dessen Heimatstadt Aix-en-Provence erst seit wenigen Jahren acht kleinformatige Arbeiten ihres berühmtesten Sohnes im Musée des Beaux-Arts vorweisen kann – Leihgaben des Louvre in Paris!

Fortsetzung Seite 143

Eine Gasse in Nizza. Um 1890.

An der Place Nationale in Antibes, einer der alten Hafenstädte der Côte d'Azur. Foto aus dem Jahre 1896.

Einkaufsstraße in Aigues-Mortes in der Camargue. Im Hintergrund eines der Einlaßtore in der Mauer, die die im 13. Jahrhundert gegründete Stadt umgibt. Um 1900.

In Cavaillon im Lubéronbergland. Hier befindet sich noch heute die neben der von Carpentras einzige erhaltene Synagoge der Provence. Um 1900.

Oben: Weinlese bei Nizza.
Unten: Lavendeldestille, in der das zur Parfümherstellung in Grasse benutzte ätherische Öl der Pflanze gewonnen wird. Um 1900.

Oben: Olivenernte in der Haute-Provence. Unten: Auslese der für die Parfümherstellung in Grasse verwendeten Rosenblüten. Um 1900.

Platz in Hyères. In dem etwas abseits der Côte d'Azur gelegenen Ort finden sich noch heute Häuser aus dem 13. Jahrhundert. Foto aus dem Jahre 1906.

Der Blick auf die beiden Maler van Gogh und Cézanne macht deutlich, daß sich der «Durchschnittsmensch» des Südens allem Fremdartigen gegenüber doch eher abweisend verhält. Marcel Pagnol hat dieses Ressentiment der Südfranzosen in dem Roman *Die Wasser der Hügel* schonungslos aufgedeckt. Da versucht in einem Dorf in der Haute-Provence ein «Zugereister», ein brachliegendes Stück Land zu kultivieren. Bevor er sich an seine Arbeit macht, verstopfen die argwöhnischen Nachbarn die Quelle, mit deren Hilfe es ein leichtes wäre, den Boden wieder fruchtbar zu machen – und das ganze Dorf schweigt wider besseres Wissen und sieht tatenlos mit an, wie sich der arme Teufel zugrunde richtet. Nicht sein Buckel ist sein Makel, sondern die Tatsache, daß er in einem Nachbardorf zur Welt gekommen ist. Reue stellt sich erst ein, als durchsickert, daß er der Sohn einer Frau aus dem eigenen Dorf ist.

Eine ähnliche Thematik liegt Henri Boscos 1945 entstandenen Roman *Der Hof Theotime* zugrunde. Pascal Dérivat, von Herkunft Städter, hat den Mas Theotime geerbet und findet an dem harten Geschäft der Landwirtschaft Gefallen, beargwöhnt und offen befehdet von seinem Nachbarn Clodius: «Meine Ankunft mißfiel Clodius. Die Einsetzung der Aliberts, ihr Erfolg und unser gutes Einvernehmen hatten ihn gereizt. Ich suchte ihn auf. Er empfing mich recht unfreundlich, beklagte sich über meinen Verwalter, und nach acht Tagen schnitt er meinen Feldern das Wasser ab. Er ist fünfzehn Jahre älter als ich; diese Tatsache schien ihn zu berechtigen, mich von oben herab zu behandeln, als ich mich bei ihm beschwerte. Er wurde so unangenehm, daß ich La Jassine nicht mehr betrat. Nachdem er in einem Rechtsstreit wegen der Wasserfrage endgültig unterlegen war, hegte er einen dumpfen Groll, der ihn dazu bewog, mir einen Prozeß wegen der Flurgrenzen anzuhängen. Von diesem Tage an war ich das Opfer fortwährender Streitereien und Schikanen. Clodius hoffte mir dadurch meinen Besitz zu verleiden und das Verlangen nach Rückkehr in die Stadt in mir zu wecken.»

Betrachtet man diesen augenfälligen Charakterzug der Südfranzosen historisch, so erscheint er durchaus gerechtfertigt: Über alle Jahrhunderte ihrer Geschichte waren sie der Bevormundung durch fremde Herrscher ausgeliefert. Ob es nun die Römer, die Anjous oder die absolutistischen Könige waren, man mußte lernen, mit Hilfe passiven Widerstands das eigene Gesicht zu wahren.

Bleiben wir noch bei der Frage des Charakters der Südfranzosen. Er gilt als leicht aufbrausend und temperamentvoll. Stendhal hat ihn mit dem Prototyp des Nordens verglichen und dabei festgestellt, daß «der kalte und berechnende junge Mann aus dem Norden nichts fühlt als das Verlangen, voranzukommen, den Sieg davonzutragen über den hitzigen Südfranzosen, den der kleinste Vorfall erregt, den die mindeste Bosheit mit sich bringt. Unablässig begeht er Unbesonnenheiten, über die sein Rivale, der junge Mann aus Lothringen oder aus der Picardie, triumphiert. Diesem fehlt es niemals an Kaltblütigkeit.» Doch nur wenige Zeilen weiter konstatiert er: «Wenn der Südfranzose es erreicht, schweigen zu können, dann entzieht er seinen Gegnern alle ihre Vorteile und macht bald sein Glück; ihm fehlen alle nervösen Schwächen seines Rivalen, des jungen Mannes aus Lothringen und der Picardie.»

Stendhal spricht von der Kraft, die aus dem Schweigen erwächst. Auch ich weiß, wo ich einen Ort der Stille und der Sammlung finden kann. Nur wenige Minuten brauche ich von dem Dorf Roussas nach Aiguebelle zu der alten Zisterzienserabtei. Als ich das erste Mal dorthin kam – einer ganz spontanen Regung folgend, denn ich hatte immer gelesen, das Kloster Aiguebelle dulde keine Besucher – empfing mich Pater Alexis vor den Klostermauern. Er war gerade damit beschäftigt, die Blumen zu gießen. Er stellte, als er mich kommen sah, den Gartenschlauch ab, kam auf mich zu und sagte nur knapp: «Es ist gut, daß Sie da sind»; als hätte er mich erwartet. Seitdem ist mir die nüchterne Architektur der Zisterzienserkirche mein zweites Tor zum Süden geworden.

An der Nordwand der Kathedrale in Vaison-la-Romaine, meiner nächsten Etappe auf dem Weg in südöstlicher Richtung, empfiehlt eine Inschrift aus dem 12. Jahrhundert, den Weg von Norden nach Süden durch den Kreuzgang eines Klosters zu nehmen:

Fortsetzung Seite 169

COTE D'AZUR

Blumen, exotische Früchte, die nach Äther riechen. Tonkrüge zum Kühlen des Wassers, an Melonen erinnernd. Maiglöckchen, feuchtglänzende Muscheln und Austern, fächerförmige Mollusken die Praires, Veilchen, Seeigel, gelbe und schwarze Barkeeper, «Damen» in Spitze und schwarzer Seide. Die Künstlergarderoben riechen nach Aas und Ammoniak, aber draußen liegt der blaue Hafen mit weißen Schiffen, das geometrische Spitzenmuster von Tauwerk und Masten, draußen ist Hitze, Geschrei, das tierhafte Glück eines Volkes, das nicht in den Häusern lebt, draußen ist eine Stadt, in der gehandelt, gefaulenzt und gezecht wird.

Sidonie-Gabrielle Colette, 1923

Calanque d'en Vau, eine der schmalen, tiefen Meeresbuchten, die die weißen Kalksteinfelsen an der Küste zwischen Marseille und Cassis durchbrechen.

Nächste Doppelseite: Der Mitte der sechziger Jahre entstandene Ort Port-Grimaud in der Bucht von Saint-Tropez.

CHANGE

NAUTILUS

Ein Küstendorf an der Corniche de l'Esterel. Durch den Bau dieser Straße wurde 1903 das steil zur Küste abfallende Esterel-Massiv zugänglich gemacht.

Die Küste am Fuße des zwischen Saint-Raphaël und Cannes gelegenen Esterel-Massivs.

Inselgruppe vor dem Cap Croisette bei Marseille.

Der Fischfang gehörte zu allen Zeiten zum Leben an der Côte d'Azur. So ist denn auch eine der bekanntesten Spezialitäten dieser Region die Bouillabaisse, eine aus den verschiedensten Fischarten zubereitete Suppe.

Im Hafen des westlich von Toulon gelegenen Badeortes Sanary-sur-Mer.

Die frischen Fische werden – wie hier in Sanary-sur-Mer (oben) und Marseille – direkt am Hafen verkauft. Die größten Fischmärkte an der Côte d'Azur gibt es in Marseille und Nizza.

In Antibes. Als Picasso 1946 ein Atelier an der Côte d'Azur suchte, wurde ihm vom damaligen Direktor des Museums von Antibes das Château Grimaldi angeboten. Hier verbrachte Picasso in den darauffolgenden Jahren jeweils mehrere Monate.

An der Corniche de l'Esterel zwischen Saint-Raphaël und Agay.

Mehr Ruhe als an den immer turbulenter werdenden Stränden der Côte d'Azur findet man in den kleinen Hotels der Küstenhänge.

Nächste Doppelseite: Badebucht zwischen Nizza und Cannes.

SN 662548

Am Hafen von Antibes. Er wurde im 16. Jahrhundert unter Heinrich II. befestigt und von Vauban, einem Festungsarchitekten des 17. Jahrhunderts, gegen Eindringlinge gesichert.

Der alte Fischerhafen des zwischen Marseille und Toulon gelegenen La Ciotat.

Der Hafen von Saint-Tropez. 1893 kam der Maler Paul Signac, dem viele Künstler des Nachimpressionismus in das damals noch unbekannte Fischerdorf folgten, hierher. Seit den fünfziger Jahren wurde der Ort mehr und mehr zum Treffpunkt des internationalen Jet-set.

In Martigues am Etang de Berre, wie auch in anderen Orten der Region, droht der historische Stadtkern in den letzten Jahren zwischen modernen Industrieanlagen zu verschwinden. Der von Fos bis nach Marseille reichende Hafenkomplex ist nach Rotterdam der größte europäische Umschlagplatz für Rohöl.

Das um die Jahrhundertwende erbaute Luxushotel Carlton in Cannes, auch heute noch eine Adresse für die Prominenz.

Das Hotel Negresco in Nizza. Die Stadt besitzt nach Paris die höchste Konzentration von Hotelbetten im Land. Doch während um die Jahrhundertwende fast ausschließlich Gäste für einen längeren Urlaub hierher kamen, beträgt die durchschnittliche Aufenthaltsdauer in Nizza heute nur noch zwei Tage.

Bereits im letzten Drittel des 18. Jahrhunderts war Nizza ein beliebtes Urlaubsziel. Die ersten Touristen, englische Familien, regten 1824 den Bau der berühmten Strandpromenade der Stadt, der Promenade des Anglais, an.

Nächste Doppelseite: Der Hafen von Nizza. Im Hintergrund die Colline du Château, auf der sich die Reste der 1706 beim Erdbeben fast völlig zerstörten Burg erheben.

Place de la Visitation in Monaco. Nur der kleinste Teil der Bevölkerung des Zwergstaates Monaco soll noch aus «echten» Monegassen bestehen, denn Steuerflüchtlinge aus aller Welt haben hier einen sicheren Aufenthaltsort.

Wachablösung vor dem Palais du Prince in Monaco-Ville. Zwar bewohnt die fürstliche Familie auch heute noch das Palais, es kann aber während der Sommermonate besichtigt werden.

Monaco erlebte in den letzten Jahren einen Bauboom unvorstellbaren Ausmaßes, so daß das Bild des Fürstentums heute überwiegend von modernen Hochhäusern beherrscht wird.

Das Cocteau-Museum am Hafen von Menton. Die Atmosphäre des Ortes hatte vor Cocteau Künstler wie George Sand, Gustave Flaubert, Anatol France und Franz Liszt fasziniert.

Die Burg des Dorfes Roquebrune-Cap-Martin zwischen Monaco und Menton wurde Ende des 10. Jahrhunderts zur Abwehr der Sarazenen errichtet.

An der Hafeneinfahrt von Menton, das als die Stadt mit dem mildesten Klima an der ganzen Côte d'Azur gilt. Hier gedeihen Zitronen, Klementinen, Oliven und subtropische Zierpflanzen.

Palais an der Küste von Monaco.

Nächste Doppelseite: Hinter dem Hafenkai der Stadt Villefranche steigt die Küste steil in die Höhe. Treppen und verwinkelte Gassen bestimmen das Bild der Stadt.

LE NAUTIC
NICE
IDEAL III
LE REVE

LA FREGATE
NI200090

Blick vom botanischen Garten des einige Kilometer westlich von Monaco liegenden Ortes Èze auf das Cap Ferrat.

Obsecro vos fratres aquilonis vincite partes
sectantes claustrum quia sic venietis ad austrum.

«Ich beschwöre euch, Brüder, durchschreitet den Kreuzgang, um den Aquilus (der Nordwind, der für den Norden allgemein steht) zu überwinden; so werdet ihr zum Austrum (der Südwind, der den Süden schlechthin meint) gelangen».

Der Süden: Das war in der Auffassung des Mittelalters der Sitz des Heils und der Verheißung. So besitzt der Süden vielleicht gerade durch seine «aufwühlende» Seite zugleich auch die Kraft, den Menschen in die geistige Konzentration zu führen. Es fällt auf, daß es nirgends sonst in Europa ein derart engmaschiges Netz von Klöstern des Mittelalters gibt wie in Südfrankreich; und darunter sind bezeichnenderweise die strengen Orden besonders stark vertreten: die Kartäuser in Villeneuve-lès-Avignon und Bonpas, die Zisterzienser in Le Thoronet, Valsaintes, Silvacane, Sénanque, Aiguebelle, Valmagne und Fontfroide, die Chalaisianer in Boscodon, Lure und Valbonne.

Auf dem nun eingeschlagenen Weg zieht es mich zu einem anderen Ort innerer Sammlung, zum *Samten Dsong*, der «Festung der Meditation» – so der Name des einstigen Hauses Alexandra David-Néels. Als sie 1925 von ihrer längsten Ostasien-Expedition nach Europa zurückkehrte, stand die Meisterin der Meditation, die in Tibet in den Rang eines Lama erhoben worden war, vor der Frage, wo sie künftig eine Heimat finden sollte. Ihre Wahl fiel sicher nicht zufällig auf Südfrankreich. Sie ließ sich in der Haute-Provence, nahe dem Städtchen Digne, am Fuße der sogenannten Lavendelalpen nieder. So konsequent wie sie hat wohl kaum eine andere Frau Anfang unseres Jahrhunderts mit allen Konventionen gebrochen. Eine durchaus erfolgversprechende Karriere als Opernsängerin gab sie wieder auf, um sich ganz dem Studium fernöstlicher Weisheit zu widmen. 1911 brach sie mit einem Forschungsauftrag des französischen Erziehungsministeriums im Gepäck zu einer Studienreise nach Indien auf, deren Dauer auf «ein paar Monate» veranschlagt war. Es sollten vierzehn Jahre daraus werden. In dieser Zeit verbrachte sie unter anderem ein ganzes Jahr als Gefährtin eines buddhistischen Lamas meditierend in einer weltabgeschiedenen Klause in viertausend Metern Höhe, bereiste die Länder des Himalaja und betrat – als Bettler verkleidet – als erste Europäerin Lhasa, die damals für Ausländer bei Todesstrafe verbotene Hauptstadt Tibets. Nach Europa zurückgekehrt hat Alexandra David-Néel ihre Erfahrungen in zahllosen Büchern beschrieben. Die nur eben einen Meter und 56 Zentimeter große, von zäher Energie erfüllte Forscherin verblüffte noch als Hundertjährige: Sie ließ auf dem Bürgermeisteramt in Digne ihren Paß verlängern, weil sie eine Reise in die Sowjetunion plante. Wenig später – 1968 – starb sie. Ihre Asche wurde, ihrem letzten Willen gemäß, in den Ganges gestreut. So wie sie Asien erlebt hat, möchte ich Südfrankreich wieder und wieder erfahren: «Sie haben den Mond nicht richtig erforscht. Eingepackt wie sie waren. [...] Ein Land erforschen heißt, es mit nackten Füßen durchwandern, die Fußballen auf den Steinen aufsetzen, heißt, das Leben mit seinen Bewohnern teilen.» Denn ihr Werk fordert dazu heraus, ihr nachzueifern: «Ohne je in Vergessenheit geraten zu sein, strahlen ihre Persönlichkeit und ihr Werk nach wie vor in unvermindertem Glanz. Zahllos sind Alexandras Anhänger, die sich mit der ewig Wissensdurstigen identifizieren und ihrem Beispiel folgen», resümiert Jean Chalon in seiner Biographie jener bedeutenden Frau.

Als ich in Digne ankomme, ist mir indes keine Einkehr in Stille vergönnt. Marie-Madeleine Peyronnet, die das letzte Lebensjahrzehnt der Alexandra David-Néel an deren Seite verbrachte, ihre «Schildkröte» – ein starker Charakter, denn es war nicht leicht, die Launenhaftigkeit der David-Néel zu ertragen – empfängt mich mit einem Wortschwall. Sie zeigt mir jeden Winkel des Hauses und weiß zu allem eine Anekdote. Als dankbarer Zuhörer schenke ich ihr beim Abschied ein Exemplar meines Provencebuches. Madame Peyronnet revanchiert sich und drückt mir ihr Buch in die Hand, in dem sie ihr Zusammenleben mit Alexandra David-Néel schildert.

Wenn ich schon in dieser Ecke Südfrankreichs gelandet bin, liegt ein Abstecher nach Manosque nahe, zur Wirkungsstätte Jean Gionos. Dort wurde er 1895 als Sohn eines aus

Piemont eingewanderten Schuhmachers geboren. Seine berufliche Laufbahn begann Giono als Bankangestellter. 1915 wurde er zum Wehrdienst eingezogen, 1918 kehrte er als einer von nur elf Überlebenden seiner Kompanie in die Heimat zurück. Dank der Förderung André Gides konnte er sich seit 1929 den Traum von einem freien Schriftstellerleben leisten. Die Erlebnisse des Ersten Weltkrieges hatten Giono zu einem konsequenten Pazifisten gemacht. Man verdächtigte ihn deshalb 1944 der Kollaboration mit den Nationalsozialisten, weshalb er bis 1947 mit Publikationsverbot belegt wurde. Nach dem Ende des Zweiten Weltkrieges mußte er sogar für einige Monate ins Gefängnis. 1957 wurde er mit der Aufnahme in die «Académie Goncourt» rehabilitiert.

Schauplatz aller seiner Erzählungen und Romane ist die karge Kulisse der Haute-Provence. Die Natur ist dabei nicht allein der Rahmen, innerhalb dessen sich eine Handlung abspielt, sie selbst gestaltet, prägt die Menschen, ihre Charaktere, ihre Handlungen. Die kraftvolle und zugleich lyrische Beschreibung von Landschaft und Natur ist deshalb der tragende Pfeiler von Gionos Werken. Seine Sicht etwa eines Kornfeldes liest sich wie die Beschreibung eines Gemäldes von van Gogh: «Das Korn wuchs. Es war ein bescheidenes Korn, niedrig und blondbärtig und so schütter, daß man die Steine in den Feldern sah. Aber es ruhte fest auf seinen Halmen, und die schweren Spitzen schwankten mit der Bewegung der Luft wie ein kupferner Teller. Ernsthaft stand es da neben dem hellen Hafer, der schon reifte. Dem kamen plötzliche, erregte Einfälle wie einem jungen Mädchen, und mit fliegenden Haaren lief er die Hänge hinauf.»

Die Natur ist bei Giono immer beseelt und dem Menschen verwandt. In der oben zitierten Erzählung *Tod des Getreides* heißt es an anderer Stelle: «Die Kornfelder tanzten. Sie waren ernst und schwer. Mit ihren großen rostbraunen Händen schlugen sie auf die schlaffen Trommeln. Das pochte wie ein Herz; dumpf dröhnte es über die Erde: krum, krum, krum. Das Korn tanzte. Zuweilen flog eine trunkene Lerche auf und schrie: Das Korn wird reif, wird reif, wird reif (im Französischen lautmalerisch: le blé qui cuit, qui cuit, qui cuit).» Giono schildert aber auch die Härte, die Grausamkeit des Südens: «Ich bin zurück aufs Feld. Nicht ich, nicht mein ganzes Ich: nur meine Knochen und Muskeln; das Übrige, das war [...], ich weiß nicht, das war weg. Ich habe meinen Hut abgeworfen und habe den ganzen Tag ohne Hut gearbeitet, die Sonne schlug mit ihrem großen Hammer auf mich ein, daß mir alle Glieder dröhnten», heißt es an einer Stelle im *Berg der Stummen*. In der *Bergschlacht* findet man die Menschen in den Kampf mit den Naturgewalten verstrickt, die hier eine bedrohliche Kraft entfalten: «Das Wasser in den Gletscherspalten verschwand wieder. Blaue, immer blauer werdende Pfützen blieben zurück, während der Gletscher wieder rasch verblaßte, als wäre das bläuliche Wasser sein verströmendes Blut gewesen. Im Inneren der Spalten lösten sich die Eismassen und polterten krachend in die Tiefe. Dann wurde es wieder still und alles erstarrte im vollen Mondlicht. Doch dieses Schweigen war trügerisch: In ihm verbarg sich gewaltiges Flügelrauschen von allen Seiten her und tiefes Grollen, das unablässig und in immer gleichbleibender Stärke dröhnte. Durch das Ebrontal wand sich ein gewaltiger Schlangenleib mit rauschenden Schuppen, auf denen der Mond und die Ringe des Mondes als Teppich aus Haferhalmen funkelten.»

Die Zeitlosigkeit seiner Helden und ihrer Handlungen läßt sie losgelöst von der Realität des Hier und Jetzt erscheinen, ja schafft eine Parallele zu den griechischen Urvätern seiner provenzalischen Heimat und deren mythischer Sagenwelt: «Die überwältigende Ähnlichkeit, ja innige Verwandtschaft zwischen Gionos engerer Heimat, Manosque, dem Tal der Durance, dem Lure-Gebirge und der Landschaft Homers wird jedem unverzüglich offenbar, der auch nur einen Tag in ihr verbringt, und je tiefer man sich in ihr verliert, desto eindringlicher offenbart sich ihr antikisches Gesicht.» So Peter de Mendelsohn im Nachwort zu Gionos Roman *Ernte*. Über sein Schreiben sagte Giono: «Ich habe für das Leben geschrieben. Ich habe das Leben geschrieben. Ich wollte alle Welt vom Leben trunken machen. Ich wollte das Leben wie einen schäumenden Sturzbach dahinbrausen und tosen lassen, damit er sich über alle diese trockenen und verzweifelten Menschen stürze, sie mit kalten, grünen Wellenschlägen des Lebens peitsche, ihnen das Blut unter die Haut treibe,

Bei der Ortschaft Lourmarin im Lubéronbergland.

sie mit Frische, Gesundheit und Freude überwältige und mit sich fortschwemme.» – 1970 starb Jean Giono in Manosque.

In der Schule haben wir bei einem sehr bemühten Deutschlehrer *Der Fremde* von Camus besprochen. Ich habe damals nichts begriffen. Wie sollte ich denn auch?! Da wird die Geschichte eines Mörders erzählt, der wie teilnahmslos neben seinem Tun zu stehen scheint und sich darauf herausredet, nicht er, sondern die Sonne habe getötet: «Meine Augen waren hinter diesem Vorhang aus Tränen und Salz geblendet. Ich fühlte nur noch die Zymbeln der Sonne auf meiner Stirn und undeutlich das leuchtende Schwert, das dem Messer vor mir entsprang. Dieses glühende Schwert wühlte in meinen Wimpern und bohrte sich in meine schmerzenden Augen. Da geriet alles ins Wanken. Vom Meer kam ein starker, glühender Hauch. Mir war, als öffnete sich der Himmel in seiner ganzen Weite, um Feuer regnen zu lassen. Ich war ganz und gar angespannt, und meine Hand umkrallte den Revolver. Der Hahn löste sich, ich berührte den Kolben, und mit hartem, betäubendem Krachen nahm alles seinen Anfang.» Absurd? Zumindest dem Hamburger Pennäler unverständlich. Erst Jahre später, als ich das erste Mal in glühender Augustsonne den Gipfel der Sainte-Victoire bestieg, habe ich Camus verstanden. Man muß am eigenen Leib erleiden, mit welcher Erbarmungslosigkeit die Sonne des Südens sich in einen hineinfrißt.

Camus' Roman entstand in Algerien. Doch könnte der Ort der Handlung ebensogut Südfrankreich sein. Als Camus Algerien für immer verlassen mußte, lag es nahe, daß er sich in der Provence eine neue Heimat suchte. Er ließ sich in Lourmarin im Lubéron nieder. Dort wurde er auch, nachdem er 1960 bei einem Autounfall in Burgund ums Leben gekommen war, begraben.

Der bereits erwähnte Henri Bosco geht in seinem Buch *Die schlafenden Wasser* noch einen Schritt weiter als Camus. Hier ist das Naturereignis weit mehr als ein einmaliger Handlungsauslöser. Der junge Pascalet stiehlt sich heimlich von zu Hause fort, um den verbotenen Fluß zu erkunden. In den Tagen inmitten der ungestörten Natur erlebt er die

In der verwinkelten Altstadt von Grasse, der «Parfüm-Metropole» der Alpes-Maritimes.

Wirklichkeit in einer für ihn ganz neuen Dimension: «Der Kahn lag ruhig. Keine Strömung erreichte diesen kleinen Hafen, in dem ich mich geborgen fühlte. Ich konnte mich ganz in die Betrachtung des ruhig gleitenden Wassers versenken, dessen Anblick mich gefangenhielt. Ich verlor jedes Gefühl für die Zeit, für den Raum und für mich selbst, und ich wußte nicht mehr, wer dahintrieb, mein Kahn oder der Fluß! Glitt er dahin, oder war ich es, der auf so wunderbare Weise ohne Ruder den Fluß hinauffuhr?» Ganz dem Augenblick hingegeben, frei von allem Wollen, erfährt der kleine Pascalet den Fluß des Lebens. Der Fluß ist hier mehr als eine Metapher, er ist das Leben selbst.

Und dann gibt es da noch eine Naturgewalt, die allgegenwärtig ist: der Mistral, jener schneidend kalte Fallwind, der von den Cevennen herunterstößt und durch das Tal der Rhône nach Süden tobt. Eine der «drei Geißeln der Provence» – neben der Durance und dem Parlament in Aix – nennt ihn ein altes provenzalisches Sprichwort. «Wolkenjäger, Trübsalmörder, Himmelsfeger» hat Nietzsche ihn tituliert. Viele romanische Kirchen besitzen geschlossene Nordwände ohne Fenster, als Schutzmaßnahme gegen den ungestümen Wind, der das Thermometer, gleich zu welcher Jahreszeit, um mehr als zehn Grad fallen läßt.

Der Süden Frankreichs ist eine Region der extremen Gegensätze. Hitzeflimmern kann jäh von kaltem Orkanbrausen abgelöst werden. Über die glühenden Sommer ist unendlich viel gesagt und geschrieben worden; aber wer kennt die eiskalten Wintermonate? Verläßt man den klimatisch milden Küstensaum und wendet sich in die Alpenregionen der Haute-Provence oder die Hochebenen der Cevennen, kann man harte nordische Winter erleben: «Der Herbst selber ist oft nur ein Blätterwirbel zwischen zwei angelehnten Türen, eine milde und fröstelnde Schwelle zwischen den beiden Seiten des Jahres. Kaum hat die untergehende Sonne, aufgesplittert hinter dem Kirchenfenster der Wälder, all ihre Röte und ihren Dunst verströmt, dringt durch die Korridore des Südens mit dumpf grollendem Fabrik- und Zuglärm ein zerfetzter Seewind, zieht seine schmutzigen Wolken mit sich,

Fortsetzung Seite 179

Brunnen in Saint-Paul-de-Vence, einem der befestigten Wehrdörfer im Hinterland der Côte d'Azur. Etwas außerhalb des Ortes befindet sich die Fondation Maeght, eine als kulturelle Begegnungsstätte konzipierte Sammlung moderner Kunst.

Nächste Doppelseite: Blick auf das an der Place de la Comédie gelegene Theater von Montpellier.

1888
CENTENAIRE
LA
SAISON
DU
SIECLE
1988
DE L'OPERA
u Nord
MIDI

GRAND CAFE RICHE
EXTRA DRY
GRAND CAFE RICHE
GRAND CAFE RICHE
LE RICHE
FEMINITES
BOUTIQUES

Jedes Jahr im Juli finden beim Theaterfestival von Avignon in zahlreichen öffentlichen Gebäuden Aufführungen statt.

Am Jardin de la Fontaine, der großzügigen barocken Parkanlage in Nîmes.

Im Museum von Vaison-la-Romaine, der einst wohlhabenden römischen Siedlung Vasio.

Unterhalb der Promenade des Anglais liegt der Strand von Nizza.

Blick auf die Turmspitzen von Avignon.

An der Plage de la Croisette, dem Strand von Cannes, der sich zwischen den beiden Häfen der Stadt unterhalb des Boulevard de la Croisette erstreckt.

reißt die trockenen Blätter von den Bäumen, verdüstert die Brandhelle der Ferne, löscht sie schließlich aus. In wenigen Tagen, manchmal in einer einzigen Nacht, hat das Hochland die Fangleinen eingeholt, die es an die Provinzen des Südens banden. Eines Morgens, sobald sich der Wind gelegt hat, entdeckt man beim Öffnen der Fensterläden eine riesige, lautlose und leere Gruft, eine Welt aus kalten Steinen, kahlen und glänzenden Bäumen, deren Äste gegen das einförmige Grau des Himmels ein Gitterwerk aus Tusche zeichnen. Durch die engen Öffnungen fällt ein mattes Licht, das man erst am Abend vertreibt, wenn die um das Gehöft versammelten Grabsäulen in der Dunkelheit versinken und die Lampe mit sparsamer Hand entzündet wird.»

An anderer Stelle heißt es im *Sperber von Maheux*: «So wurde in Mazel-de-Mort die arme Alice Despuech steif inmitten ihrer Ziegen aufgefunden, die ihr bereits die Röcke abfraßen. Man mußte sie auf den Dachboden hinaufhieven, da man sie nicht begraben konnte. Überhaupt ließ die nordische Kälte so mancherorts im Süden Frankreichs die Alten wie die Fliegen sterben, besonders im Tiefland, wo man es kaum gewohnt ist, derart niedrige Temperaturen auszuhalten. In der Gegend von Montpellier und Nîmes und in der zur zentralasiatischen Steppe gewordenen Camargue verzeichnete man mehr als zwanzig Grad unter Null. Das ließ sofort die Olivenbäume in den Pflanzungen erfrieren, trotz der geradezu mineralischen Widerstandsfähigkeit dieses Baumes.» Dichterische Übertreibung? Oh nein, harte, grausame Wirklichkeit! 1986 half ich bei Temperaturen um fünfzehn Grad minus, die verendenden Flamingos am Etang de Vacarrès zu bergen; mehr als dreißig alte Menschen erfroren in wenigen Tagen in ihren Betten.

Jean Carrière, Verfasser der eben zitierten Zeilen, 1932 in Nîmes als Sohn eines Dirigenten zur Welt gekommen, legte 1972 in seinem zweiten Roman *Der Sperber von Maheux* ein leidenschaftliches Bekenntnis zum Hochland im Süden Frankreichs ab. Obwohl er alle Härten und Unzulänglichkeiten des Lebens dort schildert, steht unsichtbar zwischen den Zeilen die starke Liebe zu seiner Heimat, die heute mehr und mehr verödet.

Die heilige Veronika trocknet das Gesicht des Jesus. Plastik unterhalb der im 19. Jahrhundert erbauten Wallfahrtskirche Notre-Dame-de-la-Garde in Marseille.

Ein anderer, der im Erleben der Natur und der Landschaft Südfrankreichs den Weg zu sich selbst wohl gefunden hat, ist Peter Handke: «Ja, als ich dann an dem Julitag auf der Route Paul Cézanne in östlicher Richtung ging, wurde es, kaum daß ich aus Aix heraus war, mein Gedankenspiel, einer unbestimmten Mehrzahl Reiseempfehlungen zu geben (und ich war doch nur einer nach vielen, die seit Beginn des Jahrhunderts da unterwegs gewesen waren). Auch der Gedanke, den Berg in Natur zu sehen, war lange Zeit bloßes Spiel geblieben. War es nicht eine fixe Idee, daß ein Ding, das einmal der geliebte Gegenstand eines Malers gewesen war, schon für sich etwas Besonderes darstellte? – Erst als das Gedankenspiel eines Tages in die Phantasie übersprang, stand der Entschluß fest: Ja, ich werde die Sainte-Victoire von der Nähe sehen! Und so ging ich dann nicht so sehr Cézannes Motiven nach, von denen ich überdies wußte, daß die meisten inzwischen verbaut sind, sondern meinem Gefühl: Es war der Berg, der mich anzog, wie noch nichts in meinem Leben mich angezogen hatte.» Und weiter heißt es in *Die Lehre der Sainte-Victoire*: «Was gab da, Tag für Tag mehr, in mir nach, so daß schließlich jemand die Arme erstmals ausbreitete? Auch der Maulbeerbaum gehört hierher, in dessen Schatten wir oft saßen, und der helle Sand zu seinen Füßen, von den abgefallenen Früchten saftrot gesprenkelt. Damals geschah die Verwandlung. Der Mensch, der ich war, wurde groß, und zugleich verlangte es ihn auf die Knie, oder überhaupt mit dem Gesicht nach unten zu liegen, und in dem allen niemand zu sein.»

Ein Abstecher auf meinem Weg durch Südfrankreich führt mich an die Côte d'Azur, nach Sanary-sur-Mer, wo sich Lion Feuchtwanger, der 1933 während einer Vortragsreise durch die Vereinigten Staaten von der Machtergreifung Hitlers überrascht worden war, nach seiner Rückkehr nach Europa niederließ. Viele folgten ihm: Thomas Mann und sein Bruder Heinrich, Bertold Brecht, Franz Werfel, René Schickele, Arnold Zweig, Alfred Kerr, Walter Benjamin, Ludwig Marcuse. Da aber die meisten Deutschland fluchtartig hatten verlassen müssen, befanden sich fast alle von ihnen in großer materieller Not. Fritz J. Raddatz schrieb über die Emigranten-Schicksale: «Die meisten deutschen Emigranten

Auf dem Cimetière Marin, dem Seemannsfriedhof von Sète.

wußten nicht, wovon sie leben sollten. René Schickele, vor 1933 immerhin Mitglied der Preußischen Akademie, war dem Verhungern nah und mußte die ‹American Guild for Cultural Freedom› um Unterstützung bitten. Walter Benjamin schrieb in ‹Cahiers du Sud› und Heinrich Mann ernährte sich vom Honorar für eine Wochenkolumne in einer unbekannten französischen Provinzzeitung namens ‹Dépêche de Toulouse›». Dessenungeachtet waren viele von ungezügeltem Tatendrang und voller Ideen: Heinrich Mann schrieb an seinem *Henri Quatre*, Lion Feuchtwanger arbeitete am Roman der Familie Oppermann, Brecht entwarf die Szenen zu *Furcht und Elend des Dritten Reiches*: «Die Zimmer der emigrierten Schriftsteller waren ärmlich und leer. Die Köpfe waren es nicht. Die Liste der allein in Sanary-sur-Mer entstandenen Bücher, Gedichte, Dramen und Essays bilden den Katalog einer erlesenen Bibliothek der deutschen Literatur des 20. Jahrhunderts».

Nachdem die deutschen Truppen im September 1939 in Polen einmarschiert waren, erklärten England und Frankreich Hitler den Krieg. Der Widerstand Frankreichs brach jedoch binnen weniger Wochen zusammen. Nach dem Waffenstillstand 1940 bildete Marschall Pétain die von den deutschen Besatzern kontrollierte Provisoriumsregierung von Vichy. In einem ihrer ersten Erlasse wurde verfügt, daß alle in Frankreich lebenden Deutschen oder in Deutschland geborenen Staatenlosen zu internieren seien. Lion Feuchtwanger vertraute blind auf die sprichwörtliche Gastfreundschaft Frankreichs und meldete sich freiwillig. Mit vielen anderen wurde er in das Internierungslager von Les Milles gebracht und später in ein Camp bei Nîmes verlegt. Dort aber zeigte sich Frankreich von einer ganz anderen Seite, als die Betroffenen erwartet hatten: «Wenn einer gut lebt in Europa, so lebt er wie Gott in Frankreich; der Grund liegt wohl darin, daß man dort lebte und leben ließ, daß das Dasein dort leicht und bequem dahinfloß. Doch wenn es Gott gut hatte in Frankreich, dann hatte es, gerade infolge dieser saloppen Weltauffassung, der Teufel dort auch nicht schlecht [...]». Feuchtwanger beschreibt den Teufel, dem er nun ausgeliefert war, präzise, denn «immer klarer erkannten wir das Wesen dieses Teufels. – Der

Teufel in Frankreich war ein freundlicher, manierlicher Teufel. Das Teuflische seines Wesens offenbarte sich lediglich in seiner höflichen Gleichgültigkeit den Leiden anderer gegenüber, in seinem Je-m'en-foutismus, in seiner Schlamperei, in seiner bürokratischen Langsamkeit». Und an anderer Stelle: «Immer quälender wurde die Unwissenheit über das, was man mit uns vorhatte. Keine Post kam, nichts war zu erfahren. [...] Wir hatten das lähmende Gefühl, wir seien von der Außenwelt vergessen. Viele klagten, wir würden hier vermodern und verkommen, ohne daß irgendwer draußen darum wüßte.» Viele konnten fliehen, zumeist nach Amerika. Der Weg in die Freiheit führte über die Pyrenäen. Als Walter Benjamin, der sich mit einer Gruppe von Freunden bis Port-de-Bouc durchgeschlagen hatte, von spanischen Zöllnern die Grenzüberschreitung verwehrt wurde, erschoß er sich vor den Augen aller; seine Freunde durften nach dieser schockierenden «Demonstration» passieren.

Über dieses düstere Kapitel der jüngsten Vergangenheit wird in Frankreich immer noch beharrlich geschwiegen. Ich habe jedoch den Eindruck gewonnen, daß dies nicht unbedingt Ausdruck von Böswilligkeit ist, sondern vielleicht eher Zeichen eines (auch gefährlichen) Phlegmas, das sich gerade die Menschen des französischen Südens wohl zulegen mußten. Denn so konnten sie wahrscheinlich die Stürme der Geschichte und die Härten, die ihnen Klima und Natur abverlangen, ertragen lernen. Ein Leiden, das der Südfranzose nicht unmittelbar am eigenen Leib erfährt, berührt ihn anscheinend kaum.

Einer der wenigen, der sich mit dem geschichtlichen Los seiner Vorfahren intensiv auseinandergesetzt hat, ist Maurice Magre gewesen. Er schrieb über die religiöse Bewegung der Albigenser, als wäre er einer von ihnen. Aus seinen Büchern spricht ein tiefes Mitleiden mit den Verfolgten. Im Vorwort zu *Das Blut von Toulouse* schreibt Magre: «Die meisten der Mächtigen von einst sind nur noch zitternde Schatten. Da sind auch die unzähligen Opfer, jene, die geduldig gelitten haben, und jene, die für ihr Recht gekämpft haben. Der Wunsch, die Bestrafung zu sehen, fesselt sie ebensosehr wie das Vergehen selbst. Meine Erinnerung ruft sie alle herbei mit dem Schwert ihrer Kriege, dem Geschlecht ihrer Wünsche, dem Buch ihrer toten Studien. Und wenn es Vollkommene gibt, die sich durch die Gnade befreit haben und dem Existenzkreislauf entkommen sind, so mögen sie meinem Dank das Maß, meiner Stimme das Metall, meiner Brust den Atem geben, damit ich in die magische Gußform der Silben das Gold der Wahrheit hineingieße.»

Magre, 1877 in Toulouse geboren, ein in den 20er Jahren in Frankreich vielgelesener Autor, hat die letzten Jahrzehnte seines Lebens der «Suche nach der Weisheit» gewidmet, wobei sein besonderes Interesse der Geschichte der Ketzer in Südfrankreich galt. Er starb 1941 in einem Sanatorium bei Nizza. Seine umfangreiche Bibliothek wurde von Verantwortlichen des Vichy-Regimes verschleudert. Dabei gingen unschätzbare Dokumente verloren, vor allem Originalquellen über die Bewegung der Katharer. Damit erfüllte sich an seiner eigenen Hinterlassenschaft, was er als schlichte Maxime im ersten Kapitel seines Romans *Smaragdfeuer oder die Liebe des Narren* festgestellt hatte: «Die Liebe zur Unwissenheit ist tief, und jeder gefällt sich darin, wie das Schwein im Dreck.»

Ich muß wieder einmal – zum hundertsten, zum zweihundertsten Male? – Abschied nehmen. Mir kommen jene in den Sinn, die in gewissem Sinne am Süden gescheitert sind, sei es aus menschlichen Gründen, oder weil sie selbstgewählte Umstände oder ganz einfach das Klima nicht ertrugen. Ich habe Nordfranzosen kennengelernt, die sich im Pensionsalter ihren Lebenstraum erfüllten: ein Häuschen in Südfrankreich – und die nach wenigen Jahren bitteren Herzens kapitulierten, weil sie die Hitze und den Mistral, der viele schwermütig werden läßt, nicht verkrafteten. Doch die Sehnsucht nach dem Süden bleibt bei allen, gleich, aus welchen Gründen sie von dort fortgingen. Das spricht auch aus einem Gedicht des im 12. Jahrhundert geborenen Troubadours Peire Vidal. Er stammte aus Toulouse und war in die Dienste des Barral de Baux getreten. Nachdem bekannt geworden war, daß er sich auf ein Liebesabenteuer mit der Frau seines Brotgebers eingelassen hatte, mußte er Hals über Kopf von Les Baux fliehen. Er ging nach Italien und schloß sich dort den Teilnehmern des dritten Kreuzzugs an. Doch schon auf Zypern trennte er sich wieder von den Kreuzfahrern, weil er sich dort in eine schöne Griechin verliebt hatte. Am Hofe Alfons III. von Kastilien verlieren sich gegen 1215 seine Spuren. Die Sehnsucht nach der Provence aber hat ihn auf allen diesen Stationen begleitet:

«Nirgends ist die Welt so köstlich
wie vom Meer bis zur Durance,
von der Rhône bis nach Vence,
nirgends strahlt die Lust so festlich;
drum in ländlich freiem Glück
blieb mein Herz bei ihr zurück,
die in Freude löst das Bangen.

Nicht kann je ein Tag uns plagen,
wo wir ihrer uns besonnen;
ihr entsprießen alle Wonnen:
Was auch, um ihr Lob zu sagen,
einer sänne, es ist wahr;
sie allein ist unstreitbar
aller Welten höchstes Prangen.»

Ein – dem Anschein nach nur vorübergehend – Gescheiterter ist auch der schon erwähnte Jean Carrière, der Schüler Gionos. Schon für seinen ersten Roman, *Retour à Uzès*, erschienen 1967, erhielt er den «Prix de l'Académie Française». Für sein zweites Werk, den *Sperber von Maheux*, wurde er 1972 mit der höchsten Ehre ausgezeichnet, die das literarische Frankreich zu vergeben hat, dem «Prix Goncourt». Nachdem sich der Rummel um den neuen Starautor gelegt hatte, wurde es still um Jean Carrière. Fünfzehn Jahre vergingen, bis 1987 ein weiterer Titel von ihm aufgelegt wurde; und das war kein Roman, sondern eine bittere Bilanz. In einer ungeschminkten, offenherzigen Beichte berichtet Carrière davon, wie ihn der unerwartet frühe Ruhm – der Autor war, als er den «Prix Goncourt» erhielt, gerade vierzig Jahre alt – aus der Bahn warf: «Ich konnte einfach nicht so schnell erfassen, was los ist. Unter meiner Verkleidung als Erwachsener trage ich noch immer kurze Hosen. Wenn ich auf meinem Kleiderständer den Anzug hängen sehe, der, weil ich ihn eben noch anhatte, meine Körperformen bewahrt hat, dann bin ich ganz verblüfft, als wäre ich mein eigenes Kind, das die Kleider seines Vaters betrachtet [...]. In dieser Verkleidung komme ich ins Schwimmen. Wörter kommen aus meinem Mund, die in einem Stück stehen, das mir nicht auf den Leib geschrieben ist.» Dieses Bekenntnis hat Carrière *Der Preis* betitelt – ein doppelsinniger Titel: Natürlich ist der «Goncourt» gemeint, zugleich aber auch der Preis, den der Autor dafür hat zahlen müssen. Er gefiel sich im Ruhm, warf das Geld, das ihm aus dem sprunghaft steigenden Verkauf des *Sperbers* zufloß, mit vollen Händen hinaus, verfiel dem Alkohol und der Lethargie. Die Bilanz, die Carrière in *Der Preis* aufmacht, ist scheinbar simpel und dennoch erschütternd: Er warnt vor der Eitelkeit. Ein Autor, der nicht um der Sache willen schreibt, sondern nur den eigenen Ruhm vor Augen hat, ist verloren. Seine zweite Erkenntnis: In der Abkehr von Paris und der erneuten Hinwendung zu «seinem» Süden hat er zu sich selbst zurückgefunden: «Trotz meiner Heilung weiß ich mich immer noch verwundbar und der geringste Ausrutscher bei dieser Gratwanderung wäre fatal: Ich habe bei meinem magischen Berg um Asyl nachgesucht. Mir scheint, daß hier kein Unheil an mich herankommt. Zweifellos verdanke ich dieses Gefühl der Immunität einem Höhenrausch, der sich mit der Trunkenheit verbindet, in die mich große Weiten versetzen, und nicht zuletzt meinem Wirklichkeit gewordenen Kindheitstraum: Ich bin, komme was wolle, auf dem Weg geblieben, der ins gelobte Land führt.»

Einer, der gleichfalls seine Wunden bloßlegt, ist Lothar Baier. Mit einem 1984 erschienenen Buch über das Katharertum hat der 1942 in Karlsruhe geborene Autor gezeigt, daß er sich profund mit dem Süden und seiner Geschichte auseinandergesetzt hat. Dann zog es ihn selbst nach Südfrankreich, und in einem abgelegenen Dorf in der Nähe von Avignon versuchte er, in einem verfallenen Haus, das er in mühevoller Arbeit renovierte, Fuß zu fassen. Nach einem Jahr des Einsiedlertums kapitulierte er, obwohl er, wie er offen gesteht, bei den Einheimischen überraschend offen aufgenommen wurde. Als er Südfrankreich verließ, war es Winter: «Am Morgen des Abfahrtstages lag Schnee. Unbemerkt hatte es die Nacht über geschneit. Den Versuch, den Wagen durch den Schnee zu bringen, gab ich bald auf. Als der Motor abgestellt war, hörte ich die Stille auf den Hügeln, der Schnee verschluckte jeden Laut. Alles sah neu aus, und ich schwankte zwischen Ungeduld und dem Verlangen, doch dazubleiben, um den neuen Anblick von Anfang bis Ende zu erfahren.»

HAUTE-PROVENCE

Die Luft war ruhig, und der würzige Duft der Hügel erfüllte wie ein unsichtbarer Dunst die tiefe Schlucht. Thymian, Lavendel und Rosmarin mischten sich mit dem Geruch des goldgelben Harzes, dessen lange, unbewegliche Tränen wie Glas auf dem lichten Schatten der schwarzen Baumrinde glänzten. Ich marschierte lautlos in der Stille dieser Einsamkeit.

Marcel Pagnol, 1957

Blick von der Zitadelle über der Stadt Sisteron auf die Durance. Der Fluß hat sich im Lauf der Jahrtausende hier ein Bett durch die unzugänglichen Felswände geschaffen, so daß Sisteron bereits in der Antike eine militärische Schlüsselposition einnahm.

Nächste Doppelseite: Die Place aux Aires in Grasse, der «Welthauptstadt des Parfüms».

BOUCHERIE
BOUCHERIE
PINGOUIN

PINGOUIN
CHARCUTERIE TRAITEUR
PELFORTH
BAR DES AIRES
Milk shake Café frappé Pan bagnat
PELFORTH

Eine alte Gasse in Sospel im Hinterland von Nizza.

Im Dorf Bormes-les-Mimosas. Hier, nur wenige Kilometer vom Meer entfernt, werden die Orte kaum noch vom Touristenstrom der Côte d'Azur berührt.

Die Kirche Saint-Michel in Sospel. Der Turm stammt aus dem 11. Jahrhundert, die Kirche selbst aus dem 17. Jahrhundert.

In Utelle, einem Bergdorf im Herzen der Alpes-Maritimes.

Alte Parfümfläschchen aus Grasse. Ursprünglich wurden in der Stadt Lederwaren hergestellt, als jedoch im 16. Jahrhundert die Mode parfümierter Handschuhe aufkam, verlegte man sich in Grasse auch auf die Erzeugung von Duftstoffen.

Türklopfer an einem Haus in der Altstadt von Grasse.

Flakons und Phiolen aus Grasse. Immense Mengen von Pflanzen müssen verarbeitet werden, um die Gefäße mit ihrem kostbaren Inhalt zu füllen.

Nächste Doppelseite: Gärtnerei in der Ebene bei Romans.

Die feucht-warmen Winter und die heißen Sommer machen die Ebenen der Provence zu einem idealen Anbaugebiet für Obst, Gemüse, Blumen und mediterrane Kräuter.

Auf der Hochebene von Valensole im westlichen Teil der Haute-Provence erstrecken sich endlose blauviolette Lavendelfelder. Wenn sie Anfang August abgeerntet werden, bleiben nur die struppigen grünen Sträucherreihen zurück.

Die bizarre Felsengruppe von Les Mées am nördlichen Rand der Hochebene von Valensole.

So wie hier in der Ebene um Carpentras werden viele Wege in der Provence von Zypressen gesäumt. Bereits die Römer führten die Pflanze, die heute zu den typischen Arten der Provence gezählt wird, aus dem südlichen Mittelmeerraum ein.

Nächste Doppelseite: Saorge, ein Dorf in den kahlen Berghängen der Haute-Provence.

Moustiers-Sainte-Marie. Der kleine Ort südlich von Digne wurde im 18. Jahrhundert in ganz Europa durch seine Fayencearbeiten bekannt. Noch heute finden sich Produkte der Werkstätten von Moustiers in zahlreichen bedeutenden Sammlungen.

Thorsten Droste

Sehenswerte Orte und kulturelle Stätten in Südfrankreich von A bis Z

Provence und Côte d'Azur

Aix-en-Provence Die älteste Römersiedlung auf gallischem Boden hat im Gegensatz zu zahllosen anderen Städten der Provence kaum erkennbare Spuren ihrer antiken Geschichte bewahrt. Um so reicher ist das kulturelle Erbe nachfolgender Epochen in der einstigen Hauptstadt der Provence, die diesen Rang erst im 19. Jahrhundert an das aufstrebende Marseille verlor. Für die Zeit des frühen Christentums steht die der Kathedrale angeschlossene oktogonale (achteckige) *Taufkapelle* aus dem 5./6. Jahrhundert n. Chr. In enger Nachbarschaft repräsentiert der intime kleine Kreuzgang die Kunst der Romanik. Die *Kathedrale* selbst entstammt der spätgotischen Zeit. Prunkvoll ist ihre Ausstattung: reich geschnitzte Türflügel aus dem anbrechenden 16. Jahrhundert sowie ein Altarbild mit der Darstellung der Muttergottes inmitten des brennenden Dornbusches, an den Seiten die Stifter, König René der Gute, der letzte Regent aus der Anjou-Dynastie (er pflanzte den ersten Maulbeerbaum in der Provence), sowie seine Frau Jeanne de Laval. Es handelt sich bei dem Altar um eine Arbeit des Nicolas Froment (1435–1484), ein Hauptwerk der «Schule von Avignon» (15. Jahrhundert), der ersten eigenständigen Malschule Frankreichs, die aus den in Avignon tätigen Künstlerateliers italienischer Herkunft zur Zeit der Päpste hervorging.

Eigener Betrachtung wert sind die zahlreichen Palais des 17. und 18. Jahrhunderts, allen voran der *Pavillon Vendôme* und das *Rathaus*, an das sich der spätmittelalterliche Stadtturm lehnt. Jahrelang war es der Makel von Aix, kein einziges Werk Paul Cézannes zu besitzen. Seit 1984 zeigt das *Musée des Beaux-Arts* als ständige Leihgabe des Louvre acht kleine Arbeiten des inzwischen berühmtesten Sohnes der Stadt. Sein Atelier kann man besuchen, wenn man die Stadt nordwärts verläßt, um die Ausgrabung der keltischen Siedlung von Entremont aufzusuchen. In die Moderne führt der Besuch des *Vasarely Museums* mit einer Vielzahl von Werken des aus Ungarn stammenden Graphikers, der als einer der Begründer der Op Art gilt.

Am reizvollsten ist der Besuch von Aix im August, wenn im Innenhof des ehemaligen erzbischöflichen Palais das international renommierte Opernfestival (Schwerpunkt Mozart) stattfindet.

Alpilles Der kleine Höhenzug, der die Ebene südlich von Avignon in die Senke der Kleinen und Großen Crau teilt, besitzt etliche lohnende Ziele. Auf einem Kalksockel seiner südlichen Ausläufer thront, einem Adlerhorst gleich, die pittoreske Ruinenstadt *Les Baux*, die dem Bauxit, aus dem Aluminium gewonnen wird, seinen Namen ab.

An die zur Kleinen Crau geneigten nördlichen Ausläufer der Alpilles schmiegt sich die Ortschaft *Saint-Rémy-de-Provence*, in der der Hofastrologe der Katharina de Medici, Nostradamus, zur Welt kam. Etwas außerhalb des Ortes stößt man auf dem «Plateau Les Antiques» auf zwei der am besten erhaltenen Denkmäler der römischen Antike in der Provence: einen Stadtgründungsbogen und das Juliermonument, ein Kenotaph (symbolisches Grabmal), das zu Ehren der Enkel des Augustus errichtet wurde. Gleich dahinter schließt sich das Ausgrabungsgelände der alten Siedlung *Glanum* – von den Griechen Glanon genannt – an, ein Musterbeispiel für die Abfolge antiker Siedlungskulturen in Südfrankreich mit keltischen, griechischen und vorwiegend römischen Fundamenten.

Etwas versteckt hinter Olivenbäumen findet man nahebei das einstige *Kloster Saint-Paul-de-Mausole*, das schon seit dem vorigen Jahrhundert als psychiatrische Klinik dient. Ihr prominentester Patient war 1889 Vincent van Gogh. Von der romanischen Substanz sind noch die kleine dreischiffige Kirche mit extrem schmalen Seitenschiffen und der anheimelnde Kreuzgang erhalten.

Zwei weitere Denkmäler des Mittelalters markieren die West- und die Ostspitze der Alpilles; im Westen die *Kapelle Saint-Gabriel* mit einem für die sonst eher bilderarme Provence überraschend figurenreichen Portaldekor aus dem 12. Jahrhundert, im Osten das schmucklose *Kapellchen Saint-Sixte* nahe dem Dorf Eygalières, das auf den Fundamenten eines römischen Silvanus-Tempels wurzelt.

Antibes Das antike Antipolis, die «Stadt gegenüber» von Nizza, weist anhand der Exponate im Musée Archéologique auf seine glanzvolle Vergangenheit hin. Unter Heinrich II. wurde der Hafen festungsartig gesichert, Vauban baute die Anlage im 17. Jahrhundert noch weiter aus. Sehenswert ist die Stadtpfarrkirche mit einem Altar des aus Nizza stammenden Louis Bréa (1515). Der große Stolz des beliebten Badeortes ist jedoch das im Grimaldi-Schloß eingerichtete *Musée National Pablo Picasso*, dessen Räumlichkeiten dem genialen Spanier 1946 und 1947 zeitweilig als Ateliers gedient haben.

Apt Nahe dem antiken Apta Julia überspannt die dreibogige römische Brücke des Pont Julien den Coulon, der bei Cavaillon in die Durance mündet. In der Stadt selbst bietet die im Kern romanische doch in späterer Zeit mehrfach umgebaute Kathedrale Sainte-Anne das ungewöhnliche Beispiel einer zweigeschossigen Krypta, deren untere in karolingische Zeit datiert worden ist.

Arles Die bereits von griechischen Kaufleuten – damals noch inmitten eines ausgedehnten Sumpfes – gegründete Stadt präsentiert sich als ein lebendiges Architekturlexikon: Die Römerzeit ist durch das hervorragend erhaltene *Amphitheater*, das im Mittelalter vollständig mit Wohnhäusern zugebaut wurde (erst im 19. Jahrhundert wieder entfernt), die Ruine des *Theaters*, Reste der *Konstantins-Thermen* und die *Kryptoportiken* repräsentiert, die Romanik ist bestens in Gestalt der *Kathedrale Saint-Trophime* vertreten. Deren reichhaltiger bauplastischer Dekor beschränkt sich nicht allein auf das Portal mit einer Darstellung des Weltgerichts, sondern findet im Kapitelldekor des Kreuzgangs (zwei Flügel romanisch, die beiden anderen gotisch) eine szenenreiche Fortsetzung. Unter den vielen an diesem Projekt tätigen Künstlern wurde auch die Mitarbeit des sich Ende des 12. Jahrhunderts in der Provence aufhaltenden Italieners Benedetto Antelami nachgewiesen. Den Übergang von der Antike zur Zeit des frühen Christentums dokumentieren die Sarkophage im *Musée d'Art Chrétien*. Sie stammen aus der «Les Alyscamps» genannten Gräberallee am Südrand der Stadt, der einstmals bedeutendsten Nekropole Galliens. An deren Ende erhebt sich die Ruine der romanischen Kirche Saint-Honorat.

Westportal (links) und Kreuzgang der romanischen Kathedrale Saint-Trophime in Arles.

Wer den Spuren van Goghs folgen will, sollte den Weg auf der Straße nach Port Saint-Louis aus der Stadt einschlagen. Nach knapp zwei Kilometern stößt man auf jene hölzerne Ziehbrücke, die eines der liebsten Motive des Holländers war.

Avignon Die Siedlung Avenio rückte nach der Verlegung des Papstsitzes in die Provence 1306 über Nacht ins Rampenlicht der Weltgeschichte. Ihr beherrschender Mittelpunkt ist auch heute noch der mächtige *Papstpalast*, dessen Räume sich kreuzgangartig um zwei große Innenhöfe gruppieren. Wiederholten Bränden fiel die Ausstattung zum Opfer, erhalten blieben einige Wandbilder, die von Matteo Giovanetti da Viterbo geschaffen wurden. In ihrer Blütezeit im 14. Jahrhundert erhielt die Stadt eine weitgezogene *Stadtmauer*, die noch heute als eine der besterhaltenen ihrer Art in Europa fast vollständig steht, sowie eine Reihe spätgotischer Kirchen (Saint-Agricol, Saint-Pierre und Saint-Didier). Daneben besitzt die Stadt drei sehenswerte Museen: Das Musée lapidaire zeigt interessante Stücke antiker Herkunft, unter anderem eine bedrohliche löwenähnliche Tiergestalt aus keltischer Zeit, die man die Tarasque nennt, mythisches Sinnbild der einst zerstörerischen Gewalt der Rhône. Das Musée Calvet ist aus einer privaten Kunstsammlung hervorgegangen. Seine wichtigsten Exponate sind großformatige Landschaftsbilder des aus Avignon stammenden Malers Joseph Vernet (1714–1789). Erst vor wenigen Jahren wurde im Petit Palais, der einstigen Residenz des Kardinals Arnaud de Via, eines Neffen Papst Johannes' XXII., ein Museum früher italienischer Malerei eingerichtet. Seine Bestände sind Teil der legendären Sammlung Campana, die Napoleon III. in Rom hatte ersteigern lassen. Gleich neben dem Petit Palais erhebt sich auf der Anhöhe des Rocher-des-Dôms die einstige *Kathedrale*, ein romanisches Bauwerk, dessen Wirkung durch eine gewaltsame Barockisierung empfindlich eingeschränkt wurde. Von der Anhöhe des Rocher-des-Dôms schaut man auf die Rhône hinunter, die einst gleich zu Füßen des Felsens der *Pont Saint-Bénézet* überspannte. Von dessen ursprünglich 22 Bögen sind lediglich vier erhalten geblieben. Auf diesem aus dem 13. Jahrhundert stammenden Wahrzeichen der Stadt soll dem Text des berühmten Liedes «Sur le pont d'Avignon» zufolge in früheren Zeiten getanzt worden sein. In Wahrheit tanzte man die Farandole (traditioneller provenzalischer Tanz im 6/8-Takt) im Vergnügungsviertel auf der Ile de la Barthelasse inmitten des Stromes im kühlenden Schatten unter der Brücke.

Vom gegenüberliegenden Ufer grüßt Villeneuve mit dem Turm Philipps des Schönen herüber.

Biot Im Zentrum des alten Töpferortes erhebt sich die Pfarrkirche aus dem 15. Jahrhundert, deren Kostbarkeit ein Altarbild mit der Darstellung einer Schutzmantelmadonna von Louis Bréa ist. Die Hauptattraktion von Biot liegt etwas außerhalb der Ortschaft: das *Musée National Fernand Léger.* Es wurde auf Betreiben der Witwe Légers 1953 ins Leben gerufen und zeigt Werke aus allen Schaffensperioden des kubistischen Malers.

Cagnes Die Ortsteile Cros-de-Cagnes (die Badestadt der sonnenhungrigen Urlauber) und die erst im 19. Jahrhundert entstandene Neustadt überragt der historische Ort Haut-de-Cagnes, der, da er von der Wachstumsexplosion anderer Städte der Côte d'Azur verschont blieb, sein altes Gesicht in seltener Geschlossenheit bewahrt hat. Über allem thront die *Burg* der Grimaldi-Dynastie, die Cagnes 1309 von Robert von Anjou als Lehen erhalten hatte. Jean-Henri Grimaldi ließ die mittelalterliche Burg im 17. Jahrhundert zu ihrer heutigen prachtvollen Gestalt erweitern. Aber auch an einen anderen, vielleicht noch klangvolleren Namen wird man sich in Cagnes erinnern: an Auguste Renoir. In hohem Alter war der große Impressionist aus gesundheitlichen Gründen hierher gezogen. Sein einsti-

Fortsetzung Seite 207

Umzug der Gardians, der berittenen Hirten der Camargue, vor dem Amphitheater in Arles. Jedes Jahr Anfang Mai wird hier in der Stadt ihr Fest gefeiert, bei dem auch eine Messe und eine Segnung der Pferde stattfindet.

Das Theater von Avignon an der Place de l'Horloge. Das im 19. Jahrhundert entstandene Gebäude bietet eine der Spielstätten für das Theaterfestival von Avignon.

Im Hafen von Cannes liegen nicht wenige luxuriöse Jachten vor Anker.

Da das im Hinterland von Cannes gelegene Cagnes von der Wachstumsexplosion der Küstenstädte weitgehend verschont wurde, blieb der historische Kern des Ortes in seltener Geschlossenheit erhalten.

ges Wohnhaus *Les Colettes* wurde 1960 als Gedenkstätte und Museum hergerichtet.

Cannes Einst ein idyllischer kleiner Fischereihafen zählt Cannes heute neben Nizza, Monte Carlo und Saint-Tropez zu den renommiertesten Badeorten an der Côte. Berühmt sind die Filmfestspiele, die Kasinos und der exklusive Yachthafen. Dem Kunstreisenden wird indes keine Kost geboten.

Carpentras Als sich Clemens V. 1306 in der Provence niederließ, wählte er zunächst Carpentras zu seiner Residenz. Aus verkehrstechnischen Gründen erfolgte drei Jahre später die Übersiedlung nach Avignon. 1320 wurde Carpentras zur Hauptstadt der Grafschaft Venaissin erhoben. Aus römischer Zeit blieb ein stattlicher Ehrenbogen erhalten. Er steht auf der Nordseite der gotischen *Kathedrale Saint-Siffrein.* Diese vertritt den für die südfranzösische Gotik geläufigen Typus des einschiffigen Saales. Sehenswert ist ferner die *Synagoge* (18. Jahrhundert), die daran erinnert, daß es in der Provence zur Zeit der Päpste große jüdische Gemeinden gab, denn nur dort genossen sie Schutz vor den Pogromen, denen sie überall in Europa nach Ausbruch der Pest 1348 – als deren vermeintliche Verursacher – ausgesetzt waren.

Cavaillon Cavaillon liegt nahe dem Durchbruch, den sich die Durance zwischen Alpilles und Lubéron gegraben hat. Die daraus resultierende Schlüsselstellung für den Verkehr erklärt es, daß die Anhöhe oberhalb von Cavaillon schon in vorrömischer Zeit besiedelt war. Die Römerstadt Cabelio wurde indes drunten im Tal angelegt. Von ihr zeugt noch der Rest eines kleineren Ehrenbogens. Die romanische *Kathedrale Saint-Véran* ist als einschiffiger Wandpfeilersaal ein mustergültiger Vertreter der provenzalischen Bauschule. Zwar gänzlich schmucklos, aber dank seiner liebevollen Bepflanzung besonders reizvoll, ist der kleine gleichfalls romanische Kreuzgang auf der Südseite der Kathedrale.

Digne Die Präfektur des Départements Alpes de Haute-Provence nennt sich auch klangvoll «Hauptstadt der Lavendelalpen». Ihr wichtigstes Denkmal ist die ehemalige romanische *Kathedrale*, die heute, etwas außerhalb der Stadt gelegen, als Friedhofskirche dient – die Einwohner hatten die Unterstadt im 14. Jahrhundert aufgegeben und sich auf die nahe Anhöhe zurückgezogen, eine Schutzmaßnahme gegen die «Grandes Compagnies», Horden von Söldnern, die in den Friedenspausen des Hundertjährigen Krieges beschäftigungslos geworden waren und plündernd durch das ganze Land zogen.

An der Ausfallstraße nach Nizza liegt jene Villa, in der von 1928 bis zu ihrem Tode 1968 die rastlose Asienforscherin Alexandra David-Néel lebte.

Etang de Berre Der größte Binnensee der Provence ist durch einen Kanal mit dem Meer verbunden und damit für die Schiffahrt geöffnet. Die Stationen einer reizvollen Rundfahrt: das alte Fischerdorf Martigues, Saint-Blaise mit der Ausgrabung einer keltisch-griechischen Siedlung und einer romanischen Kapelle, der römische Pont Flavien bei Saint-Chamas, Salon-de-Provence mit der romanischen Kirche Saint-Michel und dem Militärmuseum im Château de l'Emperi, die römische Tempelruine im Park des Château Bas östlich von Salon, das stattliche Schloß La Barben sowie die malerischen Dörfer Eguilles und Ventabren.

Fontaine-de-Vaucluse Das Dorf liegt am Westrand des Vaucluse-Hochlandes, nahe der Stelle, wo die Quelle der Sorgue entspringt, eine Karstquelle, die mit maximal 150 Kubikmeter Wasser pro Sekunde eine der schüttstärksten Quellen der Welt ist. Trotz der

Blick über die Stadt Grasse in der Haute-Provence.

Durch einen Brand im Jahre 1780 wurde das im 16. Jahrhundert erbaute Château de La Tour-d'Aigues weitgehend zerstört. Zu einem Wiederaufbau kam es nicht, da einige Jahre später durch die Revolution der Rest des Schlosses vernichtet wurde. Lediglich die Frontseiten der dreiflügeligen Anlage blieben erhalten.

Belagerung durch die Touristen ist Fontaine-de-Vaucluse immer noch ein idyllisches Plätzchen, an dem schon Petrarca Zuflucht vor der Intrigenwirtschaft am päpstlichen Hof in Avignon suchte.

Forcalquier Die einstige Hauptstadt der gleichnamigen Grafschaft Forcalquier hat durch die «Grandes Compagnies», die Söldnertruppen des Hundertjährigen Kriegs, und während der Religionskriege sehr gelitten. Die Burg wurde in der Revolution 1789 abgetragen; einzig die *romanische Kirche* und Reste eines *Franziskaner-Konvents* stehen für die traditionsreiche Geschichte des Ortes.

Fréjus Beträchtliche Partien des antiken Forum Julii stehen zum Teil noch aufrecht oder wurden ergraben: der «Laterne d'Auguste» genannte Turm am Hafen, Stadttore, Teile der Befestigungsmauer, der Aquädukt sowie Reste öffentlicher Bauten auf dem Hügel Saint-Antoine. Die Spätantike, das frühe Christentum und das Mittelalter haben das Gesicht des Kathedralbezirks geprägt. Baulich miteinander verbunden erlebt man dort ein spätantik-frühchristliches Baptisterium, eine Doppelkirchenanlage aus dem Mittelalter, Teile eines zweigeschossigen Kreuzgangs und Reste des einstigen Bischofspalastes, in dem sich heute das Rathaus befindet.

Ganagobie Auf einem hoch gelegenen Felsplateau über dem Tal der Durance wurde im 11. Jahrhundert ein von Cluny abhängiges *Priorat* gegründet, das nach einer umfassenden Restaurierung in jüngster Zeit wieder das komplexe Bild eines romanischen Klosters vermittelt: einschiffige Kirche mit Querhaus und Dreiapsidenanlage sowie der Kreuzgang mit den dazugehörigen Räumlichkeiten. Hervorzuheben sind die Dekorationsformen: am Kirchenportal ein spätromanisches Tympanon mit der Majestas Domini – Christus im Kreis der Evangelistensymbole – sowie ein ebenfalls spätromanisches Fußbodenmosaik im Chor mit Darstellungen von symbolischen Tieren und Rittern. Mit einer Fläche von 70 Quadratmetern ist es das größte seiner Art in ganz Frankreich.

Gordes Vor wenigen Jahren noch ein verschlafenes Dorf am Südrand des Vaucluse-Gebirges, ist Gordes heute eine belebte Künstlerkolonie. Das Gewirr der an den Hang gelehnten Häuser überragt das *Schloß* der Grafen von Simiane, in dem sich jetzt das Vasarely Museum befindet. – Nahe dem Ort wurde eine Siedlung primitiver Steinhütten, sogenannter Bories, wieder aufgebaut, Beispiele einer möglicherweise in neolithische Zeit zurückreichenden Bautradition, wie man sie überall in Südfrankreich, aber auch in Süditalien (Trulli), Sardinien (Nuraghen) und Spanien (Cabaños) antrifft.

Grasse In der «Welthauptstadt des Parfüms» werden alljährlich 400 Tonnen Jasminblüten, 500 Tonnen Rosen- und ebenfalls etwa 500 Tonnen Orangenblüten – die Menge des Lavendels gar nicht gerechnet – zu duftenden Essenzen verarbeitet. Die Zahlen täuschen, denn die Ausbeute ist gering: Zehntausend Jasminblüten bringen ein Gewicht von nur einem Kilogramm auf die Waage, und es bedarf der Menge von 500 Kilogramm solcher Blüten, um nur einen Liter ätherisches Öl zu gewinnen.

Abgesehen von der malerischen Kulisse der Altstadt lohnt der Besuch der düsteren romanischen *Kathedrale* sowie des *Fragonard Museums*. Der bedeutende Rokokomaler wurde 1732 als Sohn eines Gerbers in Grasse geboren. Als Chronik des zu Ende gehenden Absolutismus war seine Kunst nach 1789 verpönt. Fragonard starb 1806 verarmt und kaum beachtet in Paris. Neuerdings ist Grasse wieder in aller Munde. Der Ort ist einer der Schauplätze in Patrick Süskinds 1985 erschienenem Erfolgsroman «Das Parfüm».

Gréoux-les-Bains Auf dem Weg vom Durancetal zu den *Gorges du Verdon* kommt man durch den beliebten Thermalkurort, dessen

Quellen schon die badefreudigen Römer angezogen hatten. Den Ort überragt die Ruine einer Burg der Tempelritter.

Hyères Obwohl Hyères zu jenen Orten zählt, in denen der Fremdenverkehr schon im 19. Jahrhundert Fuß faßte, liegt die Stadt heute eher abseits des großen Touristenstroms. Hyères' Reiz ist daher etwas intimer als in anderen Städten an der Côte d'Azur. Beliebte Ausflugsziele sind dagegen die Halbinsel Giens und die der Küste vorgelagerten Hyères-Inseln.

La Turbie In den Jahren 7 und 6 v. Chr. entstand die monumentale Siegestrophäe (Alpium tropaea), deren Bestimmung nicht mit letzter Sicherheit geklärt werden kann. Man vermutet, daß Augustus das Denkmal, welches noch bis auf etwa halbe Höhe steht – ein quadratischer Sockel mit einer Art Rundtempel darüber –, zum Zeichen seines Sieges über unbotmäßige Ligurerstämme errichten ließ.

Lérins-Inseln Wo die *Corniche de l'Esterel* in die Buchten des Golfe de Napoule und des Golfe de Juan landeinwärts schwingt, ist der Küste die Gruppe der Lérins-Inseln vorgelagert, die Ile Sainte-Marguerite und die Ile Saint-Honorat. Letztere hat für die Geistesgeschichte Westeuropas eine weitreichende Bedeutung: Hier rief der heilige Honoratus 410 n. Chr. die erste abendländische Mönchsgemeinschaft ins Leben – rund einhundert Jahre vor der Gründung von Montecassino durch den heiligen Benedikt von Nursia, das für gewöhnlich als Wiege des westlichen Mönchtums genannt wird. Über die Lérins-Inseln fand das Klosterwesen Eingang in Gallien. Auf der Insel selbst erinnern nur noch spärliche Reste an deren einstigen Rang. *Drei Kapellen* romanischen Ursprungs kann man besichtigen sowie das *Monastère fortifié*, einen Wehrturm mit einem kreuzgangähnlichen Innenhof.

Le Thor Das Zentrum der kleinen Ortschaft vor den Toren von Avignon bildet die romanische *Kirche Notre-Dame-du-Lac*. Ihrem nach Süden ausgerichteten Portal ist eine kleine Säulenhalle als Zitat antiker Architektursprache vorangestellt. Im Innern des einschiffigen Saales wurde – eine Besonderheit der provenzalischen Bauschule – auf eine Durchfensterung der nördlichen Langhauswand verzichtet: eine Schutzmaßnahme gegen den Mistral, den trockenkalten Nordwind.

Mittelalterliches Stadttor in der östlich von Avignon gelegenen Ortschaft Le Thor, mit dem «Barbarotte» genannten, für die Provence typischen Glockenkäfig.

Le Thoronet Gelegentlich findet man drei provenzalische Klöster des Zisterzienserordens – Le *Thoronet*, *Sénanque* und *Silvacane* – als «Die drei Schwestern» apostrophiert. Daraus entsteht der Eindruck, als habe der Orden nur diese drei Klöster in der Provence besessen. Tatsächlich gab es im Mittelalter beinahe ein Dutzend zisterziensischer Niederlassungen in dieser Landschaft. Einige sind restlos verschwunden, andere nur noch in Bruchstücken auszumachen (z.B. Valsaintes). Ein weiteres, vollständig erhaltenes Kloster, Aiguebelle im Tricastin, wird meist unterschlagen, weil dort auch heute noch Zisterzienser leben und eine touristische Besichtigung des Klosters deshalb nicht möglich ist. Anhand der drei übrigen Beispiele Le Thoronet, Sénanque und Silvacane, lassen sich indes die Besonderheiten des asketischen Ordens exemplarisch studieren. Die Kirche von Le Thoronet besitzt nur einen kleinen Dachreiter; Türme untersagte die strenge Bauvorschrift. Das Bauwerk ist auch sonst ohne jeden Dekor, so daß die Sprache der Architektur mit kristallener Klarheit in den Vordergrund tritt. Der Kreuzgang lehnt sich an die Nordseite der Basilika. Seine Gänge öffnen sich in schlichten Doppelarkaden zur Hofseite. Als besondere Kostbarkeit besitzt er noch das alte Brunnenhaus, wie es ursprünglich jeder Kreuzgang hatte – als Wasserspender und zugleich als Symbol des Lebens.

Lubéron Das Lubéronbergland erstreckt sich von Cavaillon im Westen bis Manosque im Osten. Man unterscheidet zwischen einem Kleinen Lubéron im Westen und einem Großen Lubéron im Osten; getrennt werden sie durch die Schlucht der Combe de Lourmarin. Die Unberührtheit der herben Landschaft wird nur vereinzelt von Reb-Arealen unterbrochen. Anziehende Stationen sind im Kleinen Lubéron die romantischen Dörfer Oppède-le-Vieux, Ménerbes, Lacoste mit der Ruine des De-Sade-Schlosses und Bonnieux; im Großen Lubéron die Schlösser Lourmarin, Ansouis, La Tour-d'Aigues (Ruine) sowie die Reste des Priorats Saint-Symphorien-du-Buoux aus romanischer Zeit.

Manosque Zwischen den mittelalterlichen Stadttoren Porte Saunerie im Süden und Porte Soubeyran im Norden verzweigt sich das Geäst verwinkelter Gassen, die sich an zwei Stellen auf die Weite größerer Plätze öffnen, in deren Mittelpunkten die romanischen *Kirchen Saint-Sauveur* und *Notre-Dame* emporwachsen. Man versteht in diesem anheimelnden Milieu, warum der Erzähler und Dramatiker Jean Giono (1895–1970), so sehr er auch gegen die Verstädterung seiner Heimat wetterte, Manosque zeitlebens nicht verlassen wollte.

Marseille Die Geschichte von Marseille liest sich wie die Abfolge einer Reihe von Wechselbädern. Unter den Griechen ein blühender Hafen, erlebte Massalia unter den Römern zunächst die Zurücksetzung, indem Narbonne Provinzhauptstadt wurde. Dann stellte sich die Stadt in der Auseinandersetzung zwischen Pompeius und Cäsar auf die Seite des späteren Verlierers und wurde von Cäsar schwer bestraft. Einem jahrhundertelangen Siechtum folgte der Aufschwung durch die Kreuzzugsbewegung und den damit intensiver werdenden Seeverkehr mit dem östlichen Mittelmeer. Nach der Entdeckung Amerikas schien der endgültige Niedergang besiegelt. Dann aber ließ die Eröffnung des Suezkanals die Stadt wieder wie einen Phönix aus der Asche auferstehen.

Fortsetzung Seite 215

Die Börse von Marseille. Hinter dem am Alten Hafen gelegenen Gebäude wurden Ende der siebziger Jahre die Reste der griechischen Stadt Massalia entdeckt.

Nächste Doppelseite: Der Hafen von Menton. Links im Hintergrund die aus dem 17. Jahrhundert stammende Kirche Saint-Michel.

RESTAURANT

Am Palais Longchamps in Marseille, in dem sich das Kunstmuseum und das Naturkundemuseum der Stadt befinden.

Links: Grabmal in den Anlagen des Château Lourmarin im Lubéronbergland. Rechts: Das 1878 errichtete Kasino in Monte Carlo, in welchem sich die legendäre Spielbank der Société Anonyme des Bains de Mer befindet.

An dem erhaltenen Denkmälerbestand läßt sich das bewegte Auf und Ab lebendig nachvollziehen. Das Herz von Marseille sind immer noch der *Alte Hafen* – heute nur mehr Yacht- und Fischereihafen, die großen Frachtschiffe ankern weiter draußen an den neuen Kai-Anlagen – und die *Canebière*, die Prachtstraße, deren Name (lateinisch *canabis* = Hanf) auf die alten Seilereien zurückgeht. Die keltische Vergangenheit ist an vorzüglichen Exponaten – Götterstatuen, Totenhermen, Tongefäßen – im *Musée Borély* zu studieren. Teile der griechischen Siedlung wurden erst nach 1967 bei Ausschachtungsarbeiten für eine Tiefgarage und für die neue Börse freigelegt. Römische Dockanlagen kamen 1946 nahe dem Alten Hafen zutage, als die von den deutschen Besatzern systematisch gesprengte Altstadt wieder aufgebaut wurde. In die Zeit des frühen Christentums führt der Besuch der spätantiken Totenstadt unter der *Kirche Saint-Victor*. Diese selbst ist ein romanisches Bauwerk wie die alte *Kathedrale La Major* auf der gegenüberliegenden Seite des Hafenbeckens. Letztere wurde allerdings stark verstümmelt, als im 19. Jahrhundert daneben ein neoromanischer, etwas seelenloser Prachtbau als neue Bischofskirche errichtet wurde. Die Maison Diamantée als Beispiel der Renaissance und das mit seiner Fassade dem Alten Hafen zugewandte Rathaus als Exempel für den «style classique» haben die Sprengwut der Besatzer überstanden.

Sinnbildhafter Ausdruck für das Wiedererstarken von Marseille im 19. Jahrhundert sind der Bahnhof Saint-Charles, der Triumphbogen, die alte Börse, das Palais Longchamp und vor allem die *Wallfahrtskirche Notre-Dame-de-la-Garde*, die hoch über allem thront. Das Anziehende an ihr ist weniger das neoromanisch-byzantinisierende Bauwerk selbst, ein Zwilling der neuen Kathedrale, als vielmehr ihre imposante Lage auf der Anhöhe, von der sich ein grenzenloser Weitblick über den Golfe du Lion und die berühmte Corniche bietet. Der Stadt vorgelagert entdeckt man die kleine Insel mit dem *Château d'If*, im Mittelalter Wachposten zur Sicherung der Hafeneinfahrt, in späteren Zeiten Staatsgefängnis, das die Kulisse für die Gefangenschaft von Alexandre Dumas' Grafen von Montechristo aus dem gleichnamigen Roman abgab.

Hohe Arbeitslosigkeit, ein überproportional hoher Anteil an Ausländern (vor allem Nordafrikaner), steigende Kriminalität, die Rezession der 1980er Jahre und Fehlplanungen in der Infrastruktur haben in den letzten Jahren schwere soziale Spannungen nach sich gezogen. Eine erschreckende Zunahme des Rechtsradikalismus ist die Folge (fast dreißig Prozent der Wählerstimmen für die «Front National» bei der letzten Parlamentswahl 1988). Eine süddeutsche Tageszeitung stellte in einem Bericht über Marseille fest: «Nein, Marseille ist keine Idylle für Touristen, die es nach romantischer Vergangenheit und hübscher Unberührtheit verlangt. Marseille ist eine harte, bisweilen grausame Stadt, und faszinierend auch in ihren dunklen Aspekten.»

Menton Betrachtet man die ligurische Küste und die Côte d'Azur in ihrer geographischen Gesamtheit, nimmt Menton genau die Mitte zwischen Genua und Marseille ein. Dank der geschützten Lage genießt die Stadt ein besonders mildes Klima. Hier gedeihen selbst im Winter Feigen, Datteln und Johannisbrotbäume, blühen schon im Februar Oleander, Mimosen und selbst die Zitronen. Nach der Anbindung an die Eisenbahnlinie Genua-Nizza-Marseille 1868 endete das Dasein von Menton als weltabgeschiedenes Fischerdorf. Dem Charme von Menton erlagen George Sand, Gustave Flaubert, Anatole France und Franz Liszt; Nietzsche genas hier von der Tuberkulose, Jean Cocteau stellte sich mit der Ausmalung des Standesamtes und des eigens für ihn eingerichteten *Monographischen Museums* eine bleibende Visitenkarte aus. Die mediterrane Beschwingtheit Mentons kommt sinnbildhaft in den Gärten der *Villa Les Colombières* zum Ausdruck, die das Multitalent Ferdinand Bac, ein Großneffe Napoleon Bonapartes, in vierzig-

Boulespieler in Villefranche-sur-Mer bei Nizza.

jähriger liebevoller Arbeit hat erstehen lassen. Kunstgeschichtliche Hauptattraktion des Ortes ist die barocke *Kirche Saint-Michel*, deren Glockenturm die Bucht von Menton stolz beherrscht.

Auch in der Anthropologie hat Menton seinen festen Platz. Die in den Jahren zwischen 1884 und 1892 in den Grimaldi-Grotten gefundenen Skelette haben dank ihrer großen Zahl und guten Erhaltung wesentlich dazu beigetragen, daß wir heute eine präzise Vorstellung vom Aussehen des Cro-Magnon-Menschen besitzen.

Monaco/Monte Carlo Die Geschichte des Fürstentums reicht ins 13. Jahrhundert zurück. 1297 hatte sich der aus Genua geflüchtete Francesco Grimaldi in den Besitz der Festung gebracht. Seine Erben taktierten über die Jahrhunderte geschickt zwischen den Großmächten, so daß bis heute, ungeachtet der engen Bindung an Frankreich, der Status der Souveränität erhalten geblieben ist. Als Steuerparadies hat Monaco in den letzten Jahrzehnten einen unvorstellbaren Bauboom erlebt, der von hemmungslosen Spekulanten weidlich ausgenutzt wurde. Im Gegensatz zu anderen Küstenstädten, die trotz des modernen Massentourismus' ihr historisches Erbe und viel von ihrem Flair zu wahren wußten, hat sich Monaco/Monte Carlo in eine gespenstische Betonwüste verwandelt. Die internationale Schickeria hat die Preise ins Astronomische wachsen lassen, so daß inzwischen viele Monegassen den Zwergstaat verlassen haben. Ob Kasino und Glückspiel, Steuerflucht oder Bodenspekulation, letztlich dreht sich hier alles um das Geld. Selbst die Fürstenfamilie ist zum beliebten Objekt internationaler Medienvermarktung geworden. Der kulturgeschichtlich interessierte Reisende wird, abgesehen von dem sehenswerten *Theater* (ein Werk Charles Garniers, des Architekten der Pariser Oper) wenig Aufregendes entdecken. Lohnend ist jedoch der Besuch des *Botanischen Gartens* mit einer Fülle exotischer Pflanzen und des Anthropologisch-prähistorischen Museums.

Montagne de Lure Das Ventouxmassiv schwingt nach Osten in die Hochebenen des Plateau d'Albion und des Plateau de Saint-Christol aus. Zwischen Forcalquier und Sisteron wirft sich das Terrain noch einmal auf rund 1800 Meter Höhe zur Montagne de Lure auf, einem waldreichen und extrem dünn besiedelten Vorboten der Kalkalpen, dessen östliche Ausläufer zum Tal der Durance abfallen. Die an den Hängen des Lure-Gebirges wachsenden Wildkräuter bieten dem Botaniker ein wahres Dorado. Ein endloser Weitblick bietet sich von der höchsten Erhebung, Signal de Lure genannt. Auf dem Wege von Süden (Ausgangsort ist Saint-Etienne) zur Spitze kommt man an der *Kapelle Notre-Dame-de-Lure* vorbei, dem Rest eines einstigen Klosters der Chalaisianer, eines auf der Wende vom 11. zum 12. Jahrhundert gegründeten Reformordens, der sich im 14. Jahrhundert den Zisterziensern anschloß.

Montagne-Sainte-Victoire Das wie ein monolithischer Block östlich von Aix-en-Provence aufragende Felsmassiv leitet seinen Namen vom Sieg des Marius über die Teutonen her. In aller Welt berühmt wurde der «Heilige Berg der Provence» durch die zahlreichen Ansichten, die Paul Cézanne von «seinem» Berg schuf.

An den Nordhang dieser eindrucksvollen Naturkulisse schmiegt sich das *Château Vauvenargues*, in dem Luc de Clapier Marquis de Vauvenargues (1715–1747), einer der großen Moralisten des 18. Jahrhunderts, seine «Réflexions et Maximes» verfaßte. Mitte der fünfziger Jahre erwarb Pablo Picasso das Schloß, in dessen Park er nach seinem Tode zur letzten Ruhe gebettet wurde. Es besteht der Plan, in Vauvenargues ein neues Picasso-Museum einzurichten.

Montmajour Das Kloster vor den Toren von Arles entstand aus einer frühmittelalterlichen Einsiedelei. Heute umfaßt der umfangreiche Komplex die einschiffige romanische Klosterkirche über einer breit ausladenden Krypta, den Kreuzgang, die frühmittelalter-

Blick von der Terrasse des Palais du Prince auf das Fürstentum Monaco.

liche Kapelle Saint-Pierre sowie die romanische Friedhofskapelle Sainte-Croix, ein Juwel der Baukunst des 12. Jahrhunderts. In ihrem Innern fasziniert die Akustik, die der Stimme eines einzelnen Sängers das Volumen eines ganzen Chores verleiht.

Mont Ventoux Der mit 1909 Metern höchste Berg der Provence markiert zugleich ihre nördliche Begrenzung. Die baumlose Kuppe besteht aus einem blendend weißen Kalkgestein, so daß man selbst im Sommer aus der Entfernung meint, die Bergspitze sei von ewigem Schnee bedeckt. Ausgangspunkt für eine Auffahrt zur Spitze ist die Ortschaft Malaucène. Von dort folgt man dem Weg, der auf der Nordseite aufwärts führt. Auf der Rückfahrt läßt sich ein Bogen über Sault, ein Zentrum des Lavendelanbaus, und durch die Schluchten der Nesque schlagen.

Moustiers-Sainte-Marie Nahe der Stelle, wo der Verdon seine tiefe Schlucht verläßt und seine Wasser dem Stausee von Sainte-Croix zuführt, schmiegt sich in einem markanten Taleinschnitt das Städtchen Moustiers-Sainte-Marie, das aus einer klösterlichen Siedlung hervorgegangen ist. Nachdem die Einwohner im 16. Jahrhundert aus Italien die Kunst der Fayence-Töpferei übernommen hatten, wurde Moustiers rasch ein Zentrum des Kunsthandwerks. An den mittelalterlichen Ursprung erinnern noch die beiden romanischen *Kirchen Sainte-Marie* und *Notre-Dame-de-Beauvoir*, letztere hoch über dem Ort.

Nizza Mit rund vierhunderttausend Einwohnern ist Nizza die nach Marseille zweitgrößte Stadt an der französischen Mittelmeerküste. Ihre Gründung geht auf phokäische Handelsleute zurück. Im 14. Jahrhundert kam Nizza an die Grafschaft Savoyen, die dadurch den direkten Zugang zum Mittelmeer erlangte. Nachdem diese Zugehörigkeit noch vom Wiener Kongreß 1816 zum Bedauern Talleyrands bestätigt worden war, kam die Stadt erst 1860 zu Frankreich. Trotz der großstädtischen Situation hat Nizza, im 19. Jahrhundert beliebter Treffpunkt englischer und russischer Hocharistokratie, seine Attraktion als Badeort bewahrt. Zugleich legt ein breit-gefächertes kulturelles Erbe beredtes Zeugnis von der traditionsreichen Geschichte der Stadt ab. Römische Denkmäler finden sich geballt im Ortsteil *Cimiez*, der im Mittelalter ein eigener Bischofssitz war. Mit einem geschätzten Fassungsvermögen von rund 5000 Zuschauern ist das Amphitheater eines der kleinsten in Gallien gewesen (die Arenen in Arles und Nîmes boten etwa 20 000 Personen Platz). Neben seiner Ruine sind die Reste zweier Aqädukte erhalten. Ein umfangreiches Areal nehmen die ergrabenen Fundamente der Thermen ein. Weitere Sehenswürdigkeiten in Cimiez: die Franziskanerkirche mit Hauptwerken der «Schule von Nizza», die durch die Künstlerfamilie der Bréa vertreten ist, und das *Musée National Marc Chagall*, das zugleich ein Haus internationaler kultureller Begegnungen ist, und das *Musée Matisse*, das mit dem Archäologischen Museum unter einem Dach vereint ist. Im Stadtbild von Nizza selbst dominieren die Bauwerke der «Belle Epoque», etwa das Hotel Negresco, die Villa Masséna und andere, die meisten aufgereiht an der *Promenade des Anglais.*

Orange Im Mittelalter unterstand das antike Arausio dem streitbaren Geschlecht der Grafen von Baux, im 16. Jahrhundert kam die Stadt durch Erbfolge in den Besitz Wilhelms I. von Nassau, des Statthalters der Niederlande und Begründers der heute noch in Holland amtierenden Oranier-Dynastie. Orange ist ein Musterbeispiel für die oftmals verwickelten, erbrechtlich begründeten Besitzverhältnisse in Südfrankreich, denn nach dem Tode Wilhelms III. von England, mit dem die Linie des Hauses Nassau-Oranien ausstarb, war die Stadt eine Zeitlang sogar preußischer Besitz. Erst 1713 kam Orange offiziell zu Frankreich.

Das im Vaucluse-Hochland gelegene Dorf Roussillon, in dessen Umgebung von alters her die Erdfarbe Ocker abgebaut wird.

Orange besitzt zwei der besterhaltenen Denkmäler der römischen Antike: Das *Monumentaltor* mit seinen drei Durchgängen aus tiberianischer Zeit (Tiberius war der Nachfolger des Augustus) mit Reliefs, die neben zahllosen Siegestrophäen Kämpfe zwischen Galliern und Römern zeigen, ist kein Triumphbogen – ein solcher konnte nur auf dem Forum Romanum stehen. Er ist vielmehr im Sinne eines Stadtgründungsmonuments zu verstehen, in diesem Fall vermutlich nach der erfolgreichen Niederschlagung eines lokalen Aufstands errichtet. Als die schönste Wand seines Königreichs apostrophierte der Sonnenkönig jene zyklopische Mauer, die die Bühne des *römischen Theaters* rückwärtig gegen die Stadt abgrenzt. Im Halbrund des Theaters, das auf eine Kapazität von zehntausend Zuschauern ausgelegt war, finden auch heute noch anläßlich der in den Sommermonaten stattfindenden Musikfestspiele einige tausend Besucher Platz. An das Theater, das besterhaltene seiner Art in ganz Frankreich, grenzen die Ruinen des einstigen Gymnasiums, einer sportlichen Wettkampfstätte mit kultischem Hintergrund.

Pernes-les-Fontaines Bevor 1320 der Rang der Hauptstadt des Venaissin auf Carpentras überging, hatte Pernes diese Position inne. Der aus späterer Zeit stammende Namenszusatz «les Fontaines» bezieht sich auf die zahllosen Brunnen, die das unverwechselbare Gesicht dieses Städtchens prägen. Sie sind mit phantasievollen Wasserspeiern verziert. In der *Tour Ferrande* aus dem 13. Jahrhundert zeigen Fresken unter anderem die Einsetzung Karls von Anjou durch Papst Clemens IV. Erhalten blieben ferner Teile der alten Stadtmauer und die romanische *Kirche Notre-Dame-de-Nazareth.*

Riez Die einstige Colonia Julia Augusta Apollinaris Reiorum ist in der Ruine eines römischen Tempels präsent, von dem noch vier monolithische Granitsäulen aufrecht stehen. Aus frühchristlicher Zeit stammt die quadratische Taufkapelle, die im Innern ein Achteck beschreibt. Der naturkundlich Interessierte findet im Musée Nature en Provence (im Rathaus) ein reiches Anschauungsmaterial.

Roussillon In der Senke zwischen dem Vaucluse-Hochland und dem Lubéron-Gebirge wirft sich ein kleiner Höhenrücken auf, auf dessen höchster Erhebung das Dorf Roussillon liegt. In seiner Umgebung wird seit alters Ocker abgebaut, der hier in allen Farbschattierungen, von hellgelb bis kupferrot, vorkommt. Bereits die Steinzeitmenschen verwendeten diese Erdfarben für ihre Felsbilder. Heute ist der Ocker weitgehend durch synthetische Farbstoffe abgelöst worden. Im Bereich der ehemaligen Abbaubezirke hat die nachfolgende Verwitterung des Gesteins bizarre Formationen entstehen lassen. – Weniger bekannt, doch nicht minder reizvoll, sind die Ockerfelsen von Rustrel zehn Kilometer nordöstlich von Apt.

Saint-Maximin-la-Sainte-Baume Kaum hatte Papst Bonifaz VIII. im Streit um die Echtheit der Reliquien der heiligen Magdalena zugunsten von Saint-Maximin entschieden, begannen die Dominikaner, als Ziel der neu anhebenden Wallfahrt eine gewaltige Abteikirche zu errichten. Mit 73 Meter Länge und 29 Meter Gewölbehöhe ist sie das größte gotische Kirchengebäude der Provence. Als Ausdruck politischen Machtgebahrens (der Anjou-Dynastie) nimmt sich der Koloß merkwürdig fremdartig im provenzalischen Umfeld aus. Sehenswert ist das Innere mit seiner kostbaren Ausstattung: spätantike Sarkophage in der Krypta, ein Altar des Wanderkünstlers François Ronzen (unter anderem mit einer historisch interessanten Ansicht des Papstpalastes in Avignon) aus dem 15. Jahrhundert sowie der Krönungsmantel des heiligen Ludwig von Toulouse, der der älteste Sohn Karls II. von Anjou war.

Saint-Paul-de-Vence Die Ortschaft, die auf Veranlassung Franz' I. zu einer befestigten Bastion ausgebaut wurde, ist das

Im Hafen von Saint-Tropez, an dessen Westseite sich das Musée de l'Annonciade, eine Gemäldesammlung mit den Werken zahlreicher moderner Künstler, befindet.

Musterbeispiel einer «Village perché» (ringförmiges Wehrdorf auf einer Hügelkuppe), wie sie im Hinterland der Côte d'Azur in großer Zahl vorkommt. Wenn auch die mehrfach umgebaute, im Ursprung *romanische Kirche* mit ihrem gut bestückten Kirchenschatz den Besuch lohnt, so genießt doch die *Fondation Maeght* etwas außerhalb des Ortes die weitaus größere Anziehungskraft. Das geschickt in die Natur eingepaßte Museum besitzt Arbeiten von Calder, Giacometti, Mirò, Picasso, Braque, Chagall und anderen Klassikern der Moderne. Doch die Fondation, die 1960 ins Leben gerufen wurde, ist weit mehr als nur ein Museum. Von Anbeginn als Begegnungsstätte konzipiert, bietet sie den Rahmen für unterschiedliche Veranstaltungen: Ausstellungen, Vortragsreihen, Seminare, Konzerte – eine vielseitig ambitionierte Kulturinstitution zur zwanglosen Benutzung des Besuchers.

Saint-Raphaël Schon längst ist Saint-Raphaël mit dem Nachbarort Fréjus zu einer geschlossenen Stadtkulisse verschmolzen; dennoch haben beide Gemeinden ihre Selbständigkeit bewahrt. Seinen Aufschwung als Badeort verdankt Saint-Raphaël dem Erfolgsautor Alphonse Karr (1808–1890), der es sich, ungeachtet seiner eher kritischen Distanz zur Pariser Bourgeoisie, nicht versagen konnte, gerade in den in der Hauptstadt erscheinenden Blättern die Vorzüge der Côte d'Azur zu preisen. Als Gast Karrs komponierte 1867 Gounod seine Oper «Romeo und Julia» in Saint-Raphaël. Das *Archäologische Museum* mit einer stattlichen Kollektion antiker Keramik und die *Wehrkirche* des 12. Jahrhunderts verweisen auf die alte Geschichte des Ortes.

Saint-Tropez Der infolge von Kriegswirren zerstörte Hafen von Saint-Tropez wurde 1470 auf Veranlassung König Renés des Guten durch zugewanderte genuesische Familien wieder aufgebaut. Als Gegenleistung erhielten die neuen Herren der Stadt die volle Souveränität. Erst unter der Regierung Ludwigs XIV. verlor die kleine Republik ihre Unabhängigkeit. Im 18. Jahrhundert lenkte die Familie Suffren die Geschicke der Stadt. Deren bekanntester Sproß ist Pierre-André de Suffren (1728–1788) gewesen, eine der markantesten Gestalten der französischen Seefahrtsgeschichte. Wie praktisch jeder Ort an der Côte hat auch Saint-Tropez «seinen Entdecker». In diesem Fall war es Paul Signac, der Meister des Pointillismus, in dessen Kielwasser viele Größen des Nachimpressionismus den Weg nach Saint-Tropez fanden: Bonnard, Seurat, Vuillard, Vlaminck, Dufy, Camoin, Braque, Friesz. Ihre Werke sind heute im *Musée de l'Annonciade* zu bewundern. In dessen kleinem, aber qualitätsvoll bestücktem Rahmen läßt sich lebendig der Weg der Malerei vom Pointillismus über den Fauvismus bis zum Kubismus nachvollziehen.

Seit sich Brigitte Bardot in Saint-Tropez niedergelassen hat, ist der Ort zur «Einflugschneise» des internationalen Jet-sets geworden. Die Namen derer, die kamen, lesen sich wie ein Lexikon der modernen Film- und Unterhaltungsszene: Charles Aznavour, Jane Fonda, Audrey Hepburn, Jeanne Moreau, Françoise Sagan … Ihren Spuren folgte die Masse ihrer Bewunderer. Der «kermesse cotière», wie sie die Einheimischen verächtlich nennen, sind inzwischen die meisten derer, die sie mitentfesselt haben, bereits wieder entflohen. Geblieben ist der Massenrummel, unter dessen Ansturm der einstige Charme von Saint-Tropez längst erstickt ist.

Sénanque Schlägt man von Gordes aus den Weg weiter ins Innere des Vaucluse-Hochlandes ein, stößt man nach kurzer Fahrt in einem einsamen Tal auf das Zisterzienserkloster Sénanque, nach Fontenay in Burgund die besterhaltene Abtei dieses Ordens in Frankreich. Die schmucklose Chorpartie der Kirche hebt sich in den Sommermonaten wirkungsvoll vom Violett der ringsum angelegten Lavendelfelder ab. Die Kirche wurde noch zu Lebzeiten des

Im Kreuzgang des Zisterzienserklosters Sénanque im Vaucluse-Hochland, welches nach Fontenay in Burgund die besterhaltene Abtei dieses Ordens in Frankreich ist.

heiligen Bernhard von Clairvaux errichtet (Baubeginn 1148) und trägt die asketischen Züge der Frühzeit des Ordens. Im Kreuzgang, der erst im ausgehenden 12. Jahrhundert entstand, erscheint das strenge Entsagungsideal bereits geringfügig aufgeweicht: Die Kapitelle zeigen verhaltene Formen pflanzlichen Dekors. Praktisch alle wichtigen Räumlichkeiten sind noch erhalten, der karge Schlafsaal, der einen direkten Zugang zum Kircheninnern besitzt, der Kapitelsaal, dessen Kreuzrippengewölbe die Zisterzienser als die Vermittler gotischer Bauweise in Südfrankreich ausweist, der Wärmeraum, das Refektorium. In einem Teil des Klosters informiert eine ständige Ausstellung profund über Geschichte und Wirkung des Zisterzienserordens in Europa.

Silvacane Das dritte der erhaltenen und für den Besucher zugänglichen Zisterzienserklöster in der Provence liegt im Durancetal. Die Nähe zu einer wichtigen Verkehrsader ist für den Orden eher untypisch und erklärt sich aus der Tatsache, daß hier schon zuvor ein Kloster bestand, das sich erst 1144 den Zisterziensern anschloß. Im Grundriß der Kirche waltet noch größere Zurückhaltung als in Le Thoronet und Sénanque. Hier sind sowohl der Chor als auch die ihn flankierenden Seitenkapellen eckig und nicht halbrund, wie allgemein üblich. Der Kreuzgang und die ihn einfassenden Klosterbaulichkeiten sind in Silvacane zu einem großen Teil erhalten.

Simiane-la-Rotonde Ringförmig gruppieren sich die Häuser des Dorfes im Herzen des Vaucluse-Hochlandes um eine Burgruine. Vollständig erhalten ist noch der Donjon (Bergfried), der die ungewöhnliche Gestalt eines Rundbaus besitzt – ein architektonischer Verwandter der Tour de Constance in Aigues-Mortes.

Sisteron Als Pforte zur östlichen Provence hat die Stadt am Durchbruch der Durance durch die Kalkalpen seit jeher eine militärische Schlüsselstellung innegehabt. Noch im Zweiten Weltkrieg war sie deshalb einem schweren Bombenangriff ausgesetzt. Die mächtige *Zitadelle* wurde auf Veranlassung Heinrichs IV. anstelle einer mittelalterlichen Wehrburg Ende des 16. Jahrhunderts angelegt. Das höhlenhafte Innere der romanischen *Kathedrale* macht die Nähe zur oberitalienischen Architektur deutlich.

Tarascon Tarascon war neben Aix die zweite Residenz König Renés, des letzten Herrschers über die Provence aus dem Hause Anjou, und besitzt noch dessen *Schloß*. Das trutzige Bauwerk ist eindrucksvoll auf einem Felsvorsprung über dem linken Ufer der Rhône in Szene gesetzt.

Tricastin Der kleine Landstrich nördlich des Mont Ventoux gehört streng genommen nicht mehr zur Provence, sondern zur Dauphiné, wird aber wegen seiner engen kulturellen und geographischen Affinität oft der Provence zugerechnet. Seine Hauptattraktionen sind *romanische Kirchen* (La Garde-Adhémar, Saint-Restitut, Saint-Paul-Trois-Châteaux), *Schlösser* (Grignan, Suze-la-Rousse) sowie die antiken Ausgrabungen und die romanischen Kirchen (Kathedrale und Kapelle Saint-Quenin) in *Vaison-la-Romaine.*

Vallauris Die Tradition des Töpferhandwerks geht in Vallauris, einem Vorort von Cannes, auf antike Zeit zurück. Dank des Vorkommens von Mergel und Ton sowie dichter Wälder (Brennholz für die Öfen) waren von seiten der Natur die besten Voraussetzungen gegeben. 1946 wurde der stets experimentierfreudige Picasso auf Vallauris aufmerksam und begann sogleich, für zwei Jahre in den dortigen Werkstätten zu arbeiten, was nebenbei den damals schon siechen Manufakturen neuen Auftrieb gab. 1952 malte Picasso für die einstige Kapelle der Chalaisianer zwei monumentale Gemälde zum Thema Krieg und Frieden. Auf dem Platz vor der Kirche fand die Picasso-Bronze «Der Mann mit dem Schaf» Aufstellung. Bereits 1942 in Gips modelliert, konnte das Werk erst 1949 in Erz gegossen werden. Als Symbol des Friedens entstand es zu einer Zeit, als erste Hoffnungen auf ein absehbares Ende des Weltkrieges aufkeimten.

Venasque Der kleine Ort am Westrand des Vaucluse-Hochlandes gab der Grafschaft Venaissin ihren Namen. Ein Kleinod der romanischen Baukunst ist das durch einen Gang miteinander verbundene Ensemble zweier kirchlicher Bauten. Das eine Gebäude ist eine einschiffige Wandpfeilerkirche, das andere findet man meist als Taufkapelle ausgewiesen. Die neuere Forschung neigt indes zu der Ansicht, daß es sich um eine Totenkapelle handelt.

Vence Etwas abgesetzt vom hektischen Getriebe der Côte hat Vence mehr von seiner Intimität wahren können als die überlaufenen Küstenorte. Mittelpunkt der malerischen Altstadt ist die *Kathedrale Saint-Véran*, ein Bauwerk romanischen Ursprungs, das jedoch im 17. und 18. Jahrhundert einschneidende Veränderungen erfuhr. Ihre Ausstattung ist ein Kompendium aller Kunstepochen: ornamentierte Steinreliefs aus merowingischer Zeit, Teile spätantiker Sarkophage, ein Kruzifix des 16. Jahrhunderts, kostbar verziertes Chorgestühl aus spätgotischer Zeit, Altarbilder des Barock und ein Mosaik von Marc Chagall.

Etwas außerhalb der Ortschaft liegt neben der Straße, die nach Saint-Paul-de-Vence führt, die 1950 erbaute *Chapelle du Rosaire*, deren farben- und lichtfreudige Ausgestaltung das alleinige Werk von Henri Matisse ist.

Languedoc und Roussillon

Agde Während die Massalioten entlang der provenzalischen Küste zahlreiche Kolonien ins Leben riefen, ist Agde, das Agathä der Phokäer, die einzige Siedlung der languedocischen Küste, deren

Das Städtchen Vence in den Alpes-Maritimes. In der Bildmitte die im 10. bis 15. Jahrhundert entstandene Kathedrale Saint-Véran, in welcher sich ein Mosaik von Marc Chagall befindet.

Gründung nachweislich auf Marseille zurückgeht. Heute erinnert nichts mehr an den antiken Ursprung des Hafens. Aus dem 12. Jahrhundert stammt die ehemalige *Kathedrale Saint-Etienne* mit einem ungewöhnlichen T-förmigen Grundriß. Als blockhaft geschlossener Wehrbau mit einem Zinnenkranz als oberem Abschluß vertritt sie einen Bautypus, der entlang der Küste der Languedoc verbreitet ist.

Aigues-Mortes Der für die Krone erfolgreiche Abschluß der Albigenserkriege 1229 war zwar mit einem beträchtlichen Prestigezuwachs für den französischen König, jedoch mit nur geringem Gewinn an territorialem Besitz verbunden. Als Ludwig IX. zum Kreuzzug rüstete, war er deshalb gezwungen, von den Mönchen von Psalmodi Grund zu erwerben, um einen Hafen für die Einschiffung seines Heeres anzulegen. Beim Aufbruch zu seinem zweiten Kreuzzug, von dem er nicht mehr zurückkehren sollte – der König wurde mitsamt dem größten Teil seiner Streitmacht in Tunis von der Pest hingerafft –, stand von dem neuen Hafen einzig die *Tour de Constance.* Erst die Nachfolger des heiligen Ludwig erbauten die gewaltige *Befestigungsmauer*, die die Stadt umschließt. Doch bereits im 14. Jahrhundert war der Hafen funktionslos geworden, der Kanal, der die Verbindung zum offenen Meer herstellte, begann zu versanden – seitdem heißt er Aigues-Mortes: Tote Wasser. Die Tour de Constance diente nach Aufhebung des Edikts von Nantes 1685 als Gefängnis für Protestanten, die ihrem Glauben nicht hatten abschwören wollen. Bekannt ist das Schicksal der Marie Durand, die erst nach 38jähriger Haft 1768 durch den Gouverneur der Languedoc wieder freigelassen wurde. Gertrud von Le Fort hat dieser Märtyrerin des Glaubens mit ihrer Novelle «Der Turm der Beständigkeit» 1957 ein literarisches Denkmal gesetzt.

Arles-sur-Tech Das Kloster Sainte-Marie bietet einen geschlossenen mittelalterlichen Bautenkomplex. Die Mitte des 11. Jahrhunderts geweihte Kirche besitzt über dem Eingang ein Kreuzrelief aus frühromanischer Zeit mit der Darstellung der Majestas Domini (Christus mit den vier Evangelistensymbolen). Mit dem höhlenhaften Dunkel der nachträglich eingewölbten Kirche kontrastiert der lichterfüllte Kreuzgang aus gotischer Zeit.

Banyuls Der betriebsame Fischereihafen an der Côte Vermeille ist zugleich auch Zentrum und Namensgeber eines Anbaugebietes für einen süffigen Weißwein, der aus der Muskattraube gekeltert wird. Ein eindringliches Kriegerdenkmal am Hafen von Aristide Maillol (1861–1944) mahnt nicht nur zum Frieden, es ruft auch in Erinnerung, daß der berühmte Bildhauer hier gelebt hat. Seine Werke finden sich in zahlreichen Orten des Roussillon wie Perpignan, Saint-Cyprien-Plage, Céret, Port-Vendres u. a.

Beaucaire Im Mittelalter war Beaucaire ein wichtiger Handelsplatz. Die berühmte Messe von Beaucaire verlor erst durch den Bau der Eisenbahn im 19. Jahrhundert an Bedeutung. Von der Burg des 13. Jahrhunderts steht einzig der Bergfried noch unbeschadet, der Rest ist Ruine. Diese bildet ein eindrucksvolles Gegenüber zur Burg von *Tarascon* am jenseitigen Ufer der Rhône. – In die Nordwand der barocken Kirche Notre-Dame-des-Pommiers ist ein romanischer Fries mit Szenen aus der Passion Christi vermauert.

Béziers Jahrhunderte des Siechtums waren die Folge der Völkerwanderungszeit, so daß Béziers erst im 12. Jahrhundert wieder eine florierende Stadt war. Durch das Massaker von 1209, dem die gesamte Einwohnerschaft zum Opfer fiel – nach Schätzungen der Historiker fünfzehntausend Menschen –, war die Aufwärtsentwicklung erneut für Jahrhunderte unterbrochen. Erst seit dem 19. Jahrhundert konnte sich die Stadt wieder zu einem geschäftigen Gemeinwesen entfalten.

Die direkt am Ufer der Rhône liegende Burganlage von Tarascon wurde unter dem letzten Souverän der Provence, König René dem Guten, Mitte des 15. Jahrhunderts fertiggestellt.

Ein beliebtes Fotomotiv ist die mittelalterliche Brücke, die den Orb überspannt, mit der Silhouette der *gotischen Kathedrale* im Hintergrund. Im Ort selbst finden sich indes kaum noch Spuren aus mittelalterlicher Zeit. Das Herzstück der Stadt ist heute die Promenade der *Allee Pierre-Paul Riquet* aus dem 19. Jahrhundert, die den Namen des aus Béziers stammenden Erbauers des *Canal du Midi* trägt.

Bourg-Saint-Andéol Die romanische Kirche Saint-Andéol ist ein wichtiger Vertreter der frühromanischen Architektur des 11. Jahrhunderts. Das schmucklose Innere der dreischiffigen Basilika vermittelt dank einer geglückten Restaurierung wieder sehr authentisch den entsagungsvollen Geist ihrer Erbauer. In der rechten Seitenkapelle neben dem Chor ist der spätantike Sarkophag des Märtyrers Andéol aufgestellt. Am Äußeren der Kirche wurden im 12. Jahrhundert Ergänzungen vorgenommen, erkennbar an den schmuckfreudigen Ornamenten, die der Kunst des 11. Jahrhunderts noch fremd waren.

Cabestany In der kleinen *Pfarrkirche* dieses Dorfes vor den Toren von Perpignan wird ein spätromanisches Tympanon aufbewahrt, das Auferstehung und Himmelfahrt Marias zeigt. Es ist das Hauptwerk des Meisters von Cabestany, dem zahlreiche Arbeiten, in erster Linie Kapitelle, in Kirchen des Roussillon und der Languedoc zugeschrieben werden. Formal erkennt man ihn leicht an den überlangen Händen seiner Gestalten. Inhaltlich überrascht an diesen Spätwerken der Romanik die Gefühlsbetontheit. Die Innigkeit, mit der Christus zum Beispiel die Mutter aus dem Grabe hebt, zeugt von der Auseinandersetzung des Meisters mit der Gotik.

Carcassonne Der von den nördlichen Ausläufern der Corbières ins Tal der Aude vorgeschobene Felsrücken, auf dem Carcassonne liegt, besaß als Grenzmarke zwischen Niederer und Oberer Languedoc seit jeher militärische Bedeutung. Im Mittelalter entstand an dieser Stelle eine Festung, die heute das beste Beispiel einer mittelalterlichen Wehranlage in Europa ist. Ein doppelter Mauerring umzieht die Stadt, in deren Mitte eine nochmals durch Graben und Mauer gesicherte *Burg* emporwächst. Den äußeren Mauerring säumt ein Kranz von Wachtürmen, die Stadttore sind durch Zwillingstürme gesichert. Seine phänomenale Erhaltung verdankt die Festungsstadt von Carcassonne den Bemühungen Prosper Mérimées und Viollet-le-Ducs, die die zur Restaurierung erforderlichen Mittel dem Verteidigungsministerium abgetrotzt haben.

Die *Kirche Saint-Nazaire* vertritt als Halle mit drei gleich hohen Schiffen einen Bautypus, wie er im 12. Jahrhundert im Südwesten des Landes besonders verbreitet war. Überraschend gut harmoniert die würdevolle Architektur des Langhauses mit dem gotischen Chor, dessen bauliche Gestalt sowie die ungewöhnliche Verwendung von Skulpturen im Innern an die Sainte-Chapelle in Paris als Vorbild denken läßt.

Collioure Eine verschachtelte Burganlage, die an der Mole gelegene Kirche und das Gewirr der Fischerboote verdichten sich am Hafen von Collioure zu einer Kulisse von ganz besonderer Ausstrahlung. Zahlreiche Fischlokale locken zu kulinarischen Genüssen. 1905 entdeckte Henri Matisse den Ort, dessen Faszination ihn nicht mehr losließ. So wurde Collioure die Geburtsstätte des Fauvismus.

Corbières Obwohl sich der Höhenzug, der die Grenze zwischen Languedoc und dem Roussillon markiert, nur wenige hundert Meter aufwirft, hat er infolge von Verkarstungen und tiefen Schluchten, die die Flüsse in Jahrmillionen ausgewaschen haben, zum Teil Gebirgscharakter. Als im Jahr 711 n. Chr. das westgotische

Stadttheater von Béziers.

Königreich in Spanien unter dem Ansturm der Araber zerbrach, flohen zahlreiche Mönche über die Pyrenäen nach Norden, von wo ihre Vorfahren einst gekommen waren. In den schwer zugänglichen Tälern der Corbières schufen sie sich neue Zufluchten. Die Klöster Lagrasse und Saint-Hilaire sind Gründungen aus dieser Zeit. *Lagrasse* besitzt von seiner romanischen Kirche nur noch einen Querschiffarm, das übrige entstammt späteren Zeiten. Die *Kirche Saint-Hilaire* bietet als besonderen Schatz einen romanischen Sarkophag, der mit szenischen Reliefs aus dem Leben und Leiden des heiligen Saturninus (Saint Sernin) verziert ist, des legendären Missionars von Toulouse. Der Sarkophag gilt als Werk des Meisters von Cabestany, einer der profiliertesten Künstlerpersönlichkeiten der späten Romanik in Südfrankreich, dessen Hand viele plastische Bildwerke namentlich des Roussillon zugeschrieben werden. Das ehemalige Kloster in *Alet-les-Bains* ist nur mehr eine imposante Ruine mit sehenswerten Resten von Bauplastik. Romanische Fresken besitzt das frühmittelalterliche Kirchlein von *Saint-Martin-des-Puits*, das man zehn Kilometer südwestlich von Lagrasse antrifft.

Corneilla-de-Conflent Die romanische Kirche aus dem 11. Jahrhundert wurde im 12. umgebaut. Sie erhielt ein Gewölbe und ein figurengeschmücktes kleines Portaltympanon mit einer Darstellung der Muttergottes, die von zwei Engeln getragen wird. Im Altarraum befindet sich eine der für den katalanischen Kunstkreis so bezeichnenden Madonnen des 12. Jahrhunderts. Gleich daneben stehen zwei weitere Marienstatuen aus dem 13. und 14. Jahrhundert. Ihre verblüffende Ähnlichkeit mit dem romanischen Bildwerk belegt eindrucksvoll, wie zäh sich die im 12. Jahrhundert festgelegte Bildvorstellung in Einzelfällen behauptete.

Coustouges Die aus zyklopisch schweren Quadern errichtete romanische Kirche Sainte-Marie besitzt ein Portal, dessen fünf Archivolten (Bogenläufe über der Tür) verschwenderischen pflanzlichen Dekor zeigen: Ranken, Blumen, Früchte, dazwischen Köpfe von Tieren und Menschen. Vorbilder dafür sind an den Stadtgründungsbögen der Provence (z. B. Saint-Remy) aus der römischen Kaiserzeit zu finden.

Elne Die schon seit dem 7. vorchristlichen Jahrhundert beurkundete Stadt erhielt ihren heutigen Namen erst Anfang des 4. Jahrhunderts n. Chr. durch Kaiser Konstantin den Großen, der sie nach seiner Mutter, der heiligen Helena, Castrum Helenae benannte. Im Mittelalter war Elne die einzige Bischofsstadt des Roussillon. Entsprechend ihrem hohen Rang erhielt sie im 11. Jahrhundert eine mächtige Kathedrale, die zu den seltenen Beispielen einer romanischen Bischofskirche zählt. Der dazugehörige Kreuzgang ist der einzige des Roussillon, der die Jahrhunderte gänzlich unbeschadet überstanden hat. Ältester Teil ist der Südflügel. Einige seiner Kapitelle werden Raimund von Bianya zugeschrieben, von dessen Hand auch zwei in die Wand eingelassene Grabfiguren stammen.

Ensérune In strategisch optimaler Lage beherrschte die keltische Siedlung von Ensérune die Ebene der Niederen Languedoc von Narbonne bis Béziers und konnte so alle Bewegungen auf der frequentierten «Straße des Herakles» kontrollieren. Waren die befestigten Plätze der Kelten in Südfrankreich – von den Römern «oppida» genannt – in der Regel Fluchtburgen, die man nur im Falle heraufziehender Gefahr aufsuchte, so ist Ensérune neben Entremont das zweite bekannte Beispiel einer dauerhaft bewohnten Stadt mit Wohnbauten und Vorratsräumen (entlang der kühlen Nordmauer). Als Vorbilder dienten gewiß die befestigten Siedlungen der Griechen. In einem kleinen, doch sehenswerten Archäologischen Museum inmitten des Ausgrabungsgeländes sind sämtliche Fundstücke aus Ensérune ausgestellt. Von der Anhöhe erlebt man zudem

Das in den Ausläufern der Corbières gelegene Kloster Fontfroide. Bereits im 11. Jahrhundert wurde hier eine Mönchsgemeinschaft gegründet, die sich im 12. Jahrhundert dem Zisterzienserorden anschloß.

den Blick auf das konzentrische Muster, das die Felder beschreiben, die im Lac de Montady angelegt wurden.

Etang de Vaccarès Der große Brackwassersee im Herzen der Camargue ist Teil des dortigen Nationalparks, ein Paradies für Ornithologen. Hier beobachtet man in unberührter Natur die Scharen der Flamingos, Seidenreiher, Bienenfresser, Schnepfen und Stelzenläufer. In Ufernähe weiden die weißen Pferde der Camargue, die schon im Altertum wegen ihrer Zähigkeit bekannt waren, und die halbwild lebenden «Manades», die Trupps schwarzer Stiere, die man nur für die Kämpfe in den Arenen einfängt.

Doch schwebt über der Idylle das Damoklesschwert der fortschreitenden Umweltvernichtung. Zehntausende Tonnen von Schadstoffen gehen alljährlich über dem Vaccarès und der Camargue aus dem großen Industrierevier zwischen Marseille und Fos nieder. Katastrophale Einbußen hat der Bestand an Wildvögeln zudem durch die extremen Wintereinbrüche der Jahre 1985 und 1986 erlebt. Zumindest die Touristen sollten ihre Neugier im Zaume halten und jedenfalls die Brutreviere respektieren.

Fontfroide Schon im 11. Jahrhundert war in einem abgelegenen Tal der östlichen Ausläufer der Corbières eine Mönchsgemeinschaft ins Leben gerufen worden, die sich im 12. Jahrhundert dem Zisterzienserorden anschloß. Im Gegensatz zu den Abteien in der Provence ist Fontfroide ein Vertreter der «zweiten Generation» der Zisterzienserklöster. Im Kirchenbau wie in der Klosteranlage spricht die Gotik bereits sehr deutlich mit. Die Glanzzeit des Klosters fiel in das 14. Jahrhundert, als der Abt Jacques Fournier als Benedikt XII. in Avignon den Stuhl Petri bestieg. Doch schon im 15. Jahrhundert begann der Niedergang, der 1791 mit der Auflösung des Klosters endete. Heute befindet sich die Anlage in Privatbesitz.

Font-Romeu Auf dem Weg vom Roussillon in Richtung Andorra durchquert man die Landschaft Cerdagne, deren Bergwelt ein vielbesuchtes Skiparadies ist. Font-Romeu ist deshalb in den letzten Jahren zu einer Hotelstadt ausgebaut worden. Der hohen Sonnenintensität wegen wurden im Umfeld zwei riesige Sonnenkraftwerke (Mont-Louis und Odeillo) errichtet. Gigantische Parabolspiegel lenken das Licht gebündelt auf einen Brennpunkt und treiben wie bei konventionellen Kraftwerken Dampfturbinen an. Kleine, aber nicht uninteressante *romanische Kirchen* finden sich im Umkreis: Llo, Hix, Ur und Planès. Letztere ist ein beispielloser Einzelfall, ein Zentralbau über dreieckigem Grundriß. Das nahe Fort von Mont-Louis ließ Ludwig XIV. durch seinen genialen Festungsbaumeister Vauban zu einer gewaltigen Bastion ausbauen.

Grotte de Clamouse Als typische Karstlandschaft besitzen die südlichen Ausläufer der Cevennen einige große Tropfsteinhöhlen. Jene von Clamouse wurde erst 1945 entdeckt. Sie besteht aus einem verzweigten System von Stollen und Sälen, die im unteren Bereich bei länger anhaltendem Regen und besonders im Frühjahr, wenn der Hérault die Schmelzwasser von den Cevennen zu Tal führt, unter Wasser stehen. Unter den vielen Sinterbildungen begeistern besonders die «Excentriques», korallenförmig auskristallisierte Tropfsteine, und ein Wald von schneeweißen Stalaktiten.

Grottes des Demoiselles Eine der größten Höhlen Westeuropas ist die Grotte des Demoiselles, deren Namen auf einen im «Grande Salle» stehenden Stalagmit zurückgeht, der eine madonnenähnliche Gestalt besitzt. Einmal wegen dieser Statue, zum anderen wegen der gigantischen Ausmaße des Hauptsaales (120 Meter lang, 80 Meter breit, 50 Meter hoch) nennt man diesen «die unterirdische Kathedrale» – und da in einem Gotteshaus keine Orgel fehlen darf, demonstrieren die pfiffigen Führer, wie man mittels Stockschlägen

Die aus dem 11. Jahrhundert stammende Kathedrale Sainte-Eulalie in Elne. Die Stadt war im Mittelalter der einzige Bischofssitz des Roussillon.

auf die Sinterbildungen diesen eigenwilligen Phantasiegebilden der Natur auch wohlklingende Töne entlocken kann.

Maguelone Im Mittelalter war Maguelone eine Insel; heute kann man das ehemalige Eiland über einen schmalen Damm erreichen. Als einziger Zeuge einer einst bedeutenden Stätte ist die romanische *Kathedrale* erhalten geblieben, wie so viele andere Sakralbauten an der Küste der Languedoc ein Wehrbau, dem im Innern, um zusätzlichen Raum zu schaffen, eine Empore eingezogen wurde, die den halben Raum überfängt. Das figurengeschmückte Westportal besteht aus Versatzstücken unterschiedlicher Epochen. Die Flachreliefs mit Darstellungen Petri und Pauli sind stilistisch dem frühen 12. Jahrhundert zuzuordnen, die Christusgestalt im Tympanon darüber steht für die «barocke» Spätphase der romanischen Skulptur der Zeit um 1150–60.

Monastir-del-Camp Wegen der mangelhaften Ausschilderung ist das kleine Kloster Monastir-del-Camp bei dem Dorf Villemolaque (zwölf Kilometer südwestlich von Perpignan) nur schwer zu finden. Der Besuch ist aber allemal lohnend. Die kleine romanische Kirche besitzt ein marmornes Portal mit Kapitellen aus der Cuxa-Schule. Eines von ihnen zeigt die Auffindung des Kreuzes Christi durch die heilige Helena. Der gotische Kreuzgang mit seinen großzügig geschwungenen Bögen besitzt einen ganz eigenen intimen Reiz. Die Kirche selbst, ein einschiffiger Saal, ist schlicht und ohne jeden Schmuck. In der Weltliteratur hat Monastir-del-Camp, das der Legende zufolge von Karl dem Großen zum Dank für einen seiner ersten Siege über die Mauren gegründet worden sein soll, seinen festen Platz. Hier verfaßte Prosper Merimée, der Autor der Carmen, während eines längeren Urlaubs seine vielgelesene Novelle «Die Venus von Ille». Den Besuch rundet eine Weinprobe ab, denn heute ist das in Privatbesitz befindliche Kloster ein Weingut.

Montpellier Die geschäftige Metropole der Niederen Languedoc und Hauptstadt des Départements Hérault ist, ein seltener Fall in Südfrankreich, erst im Mittelalter durch den Zusammenschluß zweier zuvor unabhängig nebeneinander existierender Gemeinwesen entstanden. Bereits im 13. Jahrhundert wurde die Universität gegründet, deren medizinische Fakultät seit jeher einen hervorragenden Ruf genießt. Nachdem die Religionskriege der Stadt schwer zugesetzt hatten, kam es im 18. Jahrhundert zu einem erneuten Aufschwung, der sich über das 19. Jahrhundert – seither ist Montpellier der wichtigste Umschlagplatz für die Weine der Region – bis in unsere Tage fortgesetzt hat.

Die Altstadt wird von einem breiten Ringboulevard umzogen, wie er für die Städte Südfrankreichs typisch ist. Er wurde im 19. Jahrhundert angelegt, nachdem man die Stadtmauer abgerissen und den einst davor befindlichen Graben zugeschüttet hatte. Die *Promenade du Peyrou* mit Wasserschloß, Reiterdenkmal Ludwigs XIV. und Triumphbogen wird als Hauptachse der Stadt über die Avenue Foch ins Zentrum verlängert. Ungewöhnlich ist die etwas periphere Lage der *gotischen Kathedrale.* Sie erklärt sich aus der Tatsache, daß sie ursprünglich eine Stiftskirche war und erst im 16. Jahrhundert den Rang einer Bischofskirche erhielt, nachdem das nahe Maguelone diesen Status verloren hatte. Ansonsten überwiegt im Stadtbild das 19. Jahrhundert. Ebenfalls vorwiegend dem 19. Jahrhundert gehören die Bilder an, die im *Musée Fabre* ausgestellt sind, darunter wichtige Werke von Greuze, Delacroix, Courbet und Bazille.

Der naturkundlich Interessierte kommt im Jardin des Plantes, dem Botanischen Garten, auf seine Kosten, der bereits 1593 auf Initiative Heinrichs IV. in enger Nachbarschaft zur Kathedrale angelegt wurde.

Narbonne Obwohl die einstige Hauptstadt der Gallia Narbonensis bereits im 14. Jahrhundert ihren Hafen infolge Versandung ein-

Innenhof und Kapelle (Bildmitte) des Château des Rois de Majorque in Perpignan.

Eingang des 1810 erbauten Justizpalastes von Montpellier.

Im Kreuzgang der Kathedrale Saint-Just des am Etang de Bàges gelegenen Narbonne.

An der im 18. Jahrhundert entstandenen «Esplanade» in Montpellier, die zusammen mit der Place de la Comédie den größten öffentlichen Platz der Stadt bildet.

büßte, konnte sie ihren Rang als eine der ersten Städte der Languedoc wahren. Aus römischer Zeit sind keine Spuren geblieben. Das Mittelalter hat sich dagegen in der *Kathedrale Saint-Just* ein weithin sichtbares Denkmal gesetzt. Sie ist eines der raren Beispiele stilreiner Gotik nordfranzösischer Prägung in Südfrankreich. Von dem ehrgeizigen Projekt kam allerdings lediglich der mit 40 Meter Höhe kühn aufstrebende Chor zur Fertigstellung. Querschiffarme und Langhaus blieben Fragmente. Als weitere Zeugen kirchlicher Machtentfaltung gruppieren sich der *gotische Kreuzgang* und das *erzbischöfliche Palais* (heute darin das Rathaus) zusammen mit der Kathedrale zu einer eigenen Bischofsstadt, die zur Bürgerstadt durch Türme und Tore gesichert war.

Überschaubarere Proportionen hat die Bürgerkirche *Saint-Paul-Serge*, ein im Kern romanischer Bau, dessen Erscheinung durch eine nachträgliche Gotisierung allerdings empfindlich gestört wurde.

Nîmes Die zweitgrößte Stadt der Niederen Languedoc nach Montpellier, zugleich Präfektur des Départements Gard, besitzt unter allen Städten des Midi den umfangreichsten Denkmälerbestand aus römischer Zeit. Als nüchterne, funktionale Anlage präsentiert sich das *Stadttor*, Porte d'Auguste genannt, mit seinen vier unterschiedlich großen Durchgängen. Die dahinter beginnende Straße führt zum einstigen Forum, wo sich in Gestalt der *Maison Carrée* der besterhaltene Tempel der römischen Antike befindet. Der an dieser Stelle den Decumanus (Längsachse zur Unterteilung der Stadt nach Art des römischen Heerlagers) kreuzende Cardo (Querachse) führte im Süden zum *Amphitheater*, das etwa gleich groß ist wie jenes in Arles. Im öffentlichen Leben der Stadt spielt es auch heute noch eine zentrale Rolle. In der Arena finden Stierkämpfe, aber auch Opernaufführungen, Rockkonzerte und andere Großveranstaltungen statt. Im Norden berührt der Cardo das *Castellum Divisorium*, das antike Wasserwerk der Colonia Nemausus. An dieser Stelle strömte das Wasser der Eure, das über eine vierzig Kilometer lange Wasserleitung nach Nîmes geführt wurde, in ein großes Verteilerbecken, von dem aus die einzelnen Stadtteile versorgt wurden. Auf dem Mont Cavalier thront das vermutlich älteste Römerdenkmal auf gallischem Boden, die *Tour Magne*, ein noch aus republikanischer Zeit stammendes Siegesmonument. Am Fuße des Hügels breiten sich die Parkanlagen des Jardin de la Fontaine aus. Eine hier befindliche Tempelruine findet man zwar als *Temple de Diane* ausgewiesen, in Wahrheit dürfte es sich jedoch um ein Nymphäum (Quellheiligtum) gehandelt haben, da an dieser Stelle die Nemaususquelle entspringt.

Im Mittelalter war die Stadt nahezu entvölkert. Die bescheiden proportionierte *Kathedrale* mit einem figurenreichen romanischen Fries an der Westseite ist der einzige Zeuge aus dieser Zeit. Das Gesicht der Altstadt hat die Renaissance mit ihren Palais am nachdrücklichsten geprägt.

Perpignan Die Hauptstadt des Roussillon kann sich rühmen, einst eine Königsresidenz gewesen zu sein. Als nach dem Tode Jakobs des Eroberers, König von Aragon und Graf von Barcelona, das Erbe unter seinen Söhnen aufgeteilt wurde, entstand 1272 das Königreich Mallorca, dessen Hauptstadt Perpignan wurde. Zwar fiel dieses künstliche Reich schon nach 68 Jahren mangels Erben in der männlichen Linie wieder auseinander, aber die Vorteile, die sich Perpignan in dieser Epoche sichern konnte, machten die Stadt, die bis dahin im Schatten von Elne gestanden hatte, dauerhaft zur politischen und wirtschaftlichen Metropole im nördlichen, heute französischen Teil Kataloniens. Sie wurde der wichtigste Umschlagplatz für flandrische Tuche am Mittelmeer und zog alsbald selbst eine eigene Stoff- und Leder-Produktion auf. Zeugen dieser Glanzzeit sind die *Kathedrale* und der *Palast der Könige* von Mallorca, beide im 14. Jahrhundert entstanden. Kernstück der Palastanlage, deren vier

Links: Denkmal in der zwischen Montpellier und Béziers gelegenen Stadt Pézenas für den Komödiendichter Molière. Dieser hielt sich, bevor ihn seine Theaterkarriere 1658 an den Hof nach Paris brachte, über mehrere Jahre hinweg immer wieder für längere Zeit in Pézenas auf. Rechts: Eine Brunnenanlage in Nîmes verbindet Elemente antiker Architektur mit moderner Plastik zu einer neuen Einheit.

Flügel sich um einen Hof legen, ist die zweigeschossige Kapelle. In ihrer baulichen Gestalt kopiert sie das Vorbild der Sainte-Chapelle in Paris. Im 17. Jahrhundert wurde der Palast zu einer gewaltigen Festung ausgebaut. Die Kathedrale Saint-Jean ist ein typischer Vertreter für die südfranzösische Sondergotik, die dem einschiffigen Wandpfeilersaal den Vorzug gegenüber dem basilikalen Schema der Ile de France gab.

Weitere Sehenswürdigkeiten sind die Kirche Saint-Jean-le-Vieux auf der Nordseite der Kathedrale mit einem von Raimund von Bianya geschaffenen Portal; eine kleine Kapelle auf der Südseite der Kathedrale, in der ein spätgotisches Kruzifix aus dem Rheinland hängt, eine ergreifend expressive Arbeit, dem Isenheimer Christus des Matthias Grünewald verwandt; die «Loge de Mer» genannte einstige Börse, ein prachtvolles gotisches Gebäude, in dem heute – selten geschmacklos – ein Schnellimbiß untergebracht ist; das Rathaus aus der Renaissancezeit, in dessen Innenhof Maillols wohlgerundete Personifikation des Mittelmeeres aufgestellt ist; schließlich das Castillet, ein spätgotisches Stadttor, das als einziger Rest der mittelalterlichen Stadtbefestigung erhalten blieb; heute ist darin ein Museum zur Geschichte des Roussillon eingerichtet.

Pézenas Die Schwächung des französischen Königtums im Hundertjährigen Krieg hatte zur Folge, daß die Krone dem Süden Konzessionen machen mußte, was de facto einer Teilautonomie gleichkam. Als sich 1446 die Generalstände der Languedoc erstmalig konstituierten, geschah dies in Pézenas, das auch in der Folgezeit der Tagungsort dieser Körperschaft bleiben sollte. Seine Blütezeit erlebte die heimliche Hauptstadt der Languedoc im 16. und 17. Jahrhundert. Die rege Kulturszene dieser Zeit diente Molière, der sich zwischen 1650 und 1656 für längere Perioden in Pézenas aufhielt, als Sprungbrett seiner Karriere. Ohne daß einzelne Bauwerke besonders hervorzuheben wären, beeindruckt die Stadt insgesamt durch die Geschlossenheit ihres historischen Bildes, in dem die Palais der Renaissancezeit den deutlichsten Akzent setzen.

Pont du Gard Als Folge der Ansiedlung der Veteranen aus dem Ägypten-Feldzug durch Augustus in Nîmes erlebte die Kolonie ein sprunghaftes Wachstum. Die Kapazität der Nemaususquelle reichte zur Versorgung schon bald nicht mehr aus. Agrippa ließ deshalb eine vierzig Kilometer lange Wasserleitung anlegen, die das Wasser der bei Uzès entspringenen Eure nach Nîmes führte. Zur Überbrückung der Täler wurden mehrere Aquädukte errichtet. Der Pont du Gard ist der größte und zugleich einzige vollständig erhaltene Aquädukt. In drei Etagen überspannen seine ausgreifenden Bögen den Gard. Er ist nicht nur ein technisches Meisterwerk; zugleich frappiert die ästhetische Dimension der harmonischen Einbettung des Riesenbauwerks in die Landschaft.

Pont-Saint-Esprit Die im 13. Jahrhundert errichtete Brücke über die Rhône genoß im Mittelalter kaum mindere Berühmtheit als der Pont Saint-Bénézet in Avignon. Eine eigene Bruderschaft versah die Regelung des Verkehrs. Ihrem Kloster waren ein Hospiz und eine Pilgerherberge angeschlossen. Die drei Kirchen des Ortes stammen aus nachmittelalterlicher Zeit.

Quarante Die ehemalige *Klosterkirche Sainte-Marie* ist die älteste der frühromanischen Kirchen der Languedoc und ein typisches Beispiel des «lombardischen Stils», der der Languedoc vom Roussillon vermittelt worden war. In den Quellen wird davon berichtet, daß das Bauwerk ursprünglich fünf marmorne Tischaltäre besaß. Zwei von ihnen sind noch vorhanden. Sie vertreten einen Altartypus, der vom 9. bis in das 11. Jahrhundert in der Languedoc weit verbreitet war. Die leicht vertiefte Tischplatte umziehen kleine Blendbögen und antikisierende Schmuckformen. Die meisten dieser Beispiele sind aus Werkstätten hervorgegangen, die ihren Sitz in Narbonne hatten. Diese Tischaltäre verdeutlichen, daß die ersten bildhauerischen Äußerungen der frühen Romanik nach 1020 nicht gänzlich beziehungslos in ihrer Zeit stehen.

Rieux-Minervois Die romanische *Kirche L'Assomption-de-Notre-Dame* ist der einzige Zentralbau der Languedoc und zugleich eines der originellsten Bauwerke der französischen Romanik. Sie beschreibt nämlich einen siebeneckigen Grundriß. Den Kernraum, um den sich ein Umgang legt, umstellen drei Pfeiler und vier Rundstützen. Die ungewöhnliche Asymmetrie – dergleichen findet sich nur noch einmal, in der elfeckigen Kirche von Neuvy-Saint-Sépulcre im Berry – wird inhaltlich zu verstehen sein. Denkbar wäre es, daß die Kirche als Symbol oder Spiegelbild der Weisheit gemeint ist, heißt es doch in den Sprüchen Salomos (9,1): «Die Weisheit hat ihr Haus gebaut und ihre sieben Säulen behauen.»

Saint-André-de-Sorède Die aus klobigen Flußkieseln erbaute karolingische Kirche wurde im 11. Jahrhundert erhöht und erhielt im 12. Jahrhundert ein Gewölbe. Der Türsturz mit einer Darstellung Christi in der Mandorla, vier Engeln und vier Aposteln sowie darüber die marmorne Fensterrahmung mit Medaillons (darin die Evangelistensymbole) stehen in direkter Nachfolge des Türsturzes von Saint-Genis-des-Fontaines und gehören entsprechend zu den ältesten Äußerungen der romanischen Skulptur kurz nach 1020.

Saintes-Maries-de-la-Mer Die einschiffige *romanische Kirche* ist als Wehrbau eine Verwandte der Kirchen in Agde und Maguelone. Der Legende zufolge sind hier die heiligen Marien begraben: Maria Salome, die Mutter der Apostel Jakobus maior und Johannes, und Maria Kleophas, Mutter des Jakobus minor. Als deren Weggefährtin genießt die heilige Sarah, laut Überlieferung eine Zigeunerin, die besondere Verehrung von seiten der Zigeuner, die alljährlich am 24. Mai, dem Namenstag ihrer Patronin, zuhauf nach Saintes-Maries pilgern. In den Sommermonaten ist das einstmals idyllische Fischerdorf dagegen fest in deutscher Hand.

Saint-Genis-des-Fontaines Der Türsturz der Kirche in Saint-Genis – datiert 1020 – bietet das älteste Beispiel romanischer Steinskulptur. Der Kreuzgang auf der Nordseite der Kirche ist dank seiner abenteuerlichen Geschichte ebenfalls eine Sensation. Er wurde Anfang des 20. Jahrhunderts abgebrochen und verkauft. Seither steht in allen einschlägigen Publikationen zu lesen, daß er nach Amerika gelangte. Tatsächlich aber kamen nur drei seiner Pfeiler in das Museum of the Cloisters in New York. Der ganze Rest verschwand, sorgfältig markiert und beschriftet, im Keller eines Schlosses bei Paris. Dort wurde er erst 1983 wiederentdeckt. Es ist ein Husarenstück der modernen Denkmalpflege, daß es gelang, den Kreuzgang zurückzuerwerben und an seinem angestammten Platz wieder aufzubauen. Seit Juli 1988 erstrahlt der ganz aus Marmor gearbeitete Kreuzgang von Saint-Genis wieder in alter Pracht – es fehlen einzig die drei in die USA verschlagenen Pfeiler. Die grob gearbeiteten Kapitelle markieren den Niedergang der Cuxa-Schule im ausgehenden 12. Jahrhundert.

Saint-Gilles Die Legende berichtet, daß sich im 7. Jahrhundert n. Chr. ein wohlhabender Kaufmann aus Athen, Ägidius, in die Einsamkeit der Camargue zurückgezogen haben soll, um dort ein entsagungsvolles Leben in der Kontemplation zu führen. Seine Einsiedelei war die Keimzelle des späteren Klosters, das im 12. Jahrhundert Dreh- und Angelpunkt der internationalen Wallfahrt wurde. Hier versammelten sich jene aus Süddeutschland und Oberitalien kommenden Pilger, die auf der Via Tolosana nach Santiago de Compostela zogen; gleichfalls strömten aus ganz Frankreich alle Wallfahrer zusammen, die sich nach Rom oder Jerusalem einschiffen wollten; denn seit dem 11. Jahrhundert besaß der Ort einen eigenen Seehafen. Anfang des 13. Jahrhunderts sollen vierzigtausend Menschen in Saint-Gilles gelebt haben – heute sind es nicht einmal mehr zehntausend.

Mit den Mitteln, die die Pilger nach Saint-Gilles brachten, wurde in der ersten Hälfte des 12. Jahrhunderts eine große Abteikirche errichtet. Nachdem diese im 16. Jahrhundert durch einen von Hugenotten gelegten Brand zum Einsturz kam, sind von dem mittelalterlichen Bauwerk einzig die ausladende *Krypta* (mit dem ältesten Rippengewölbe in Südfrankreich) und die *Fassade* erhalten geblieben. Letztere bürgt noch immer für den Ruhm und die Faszination von Saint-Gilles. Es handelt sich um eine prunkvolle Anlage mit drei Toren, in deren äußeren Umriß das antike Triumphbogenmotiv, aber auch die Dreitürigkeit der römischen Bühnenwand anklingt. In Nischen stehen überlebensgroße Statuen der Apostel und Erzengel. Mit diesen Werken beginnt das Kapitel der Monumentalskulptur in der europäischen Plastik des Mittelalters. Von ähnlich epochalem Rang ist der szenenreiche Fries, der sich über die ganze Breite der Westwand hinzieht. Er führt einen geschlossenen Passionszyklus vor, den ersten seiner Art im Rahmen der mittelalterlichen Kunst. Waren in früheren, christologischen Zyklen Begebenheiten aus der Kindheit Jesu, Wundertaten und Darstellungen von Gleichnissen fester Bestandteil des Bilderrepertoires, so wird hier erstmals das Leiden und Sterben des Herrn als das theologisch Bedeutsamste herausgestellt. Die Gebärdensprache und die wallenden Gewanddraperien der Figuren lassen eine nahe Verwandtschaft mit Vorbildern aus der Antike erkennen.

Als 1209 der Kreuzzug gegen die Albigenser begann, bedeutete dies das plötzliche Aus für Saint-Gilles. Rasch flaute der Pilgerstrom ab, schon 1226 unterstellte sich das vormals selbständige Kloster dem Schutz der Krone.

Saint-Guilhem-le-Désert Als Wilhelm von Orange, Herzog von Aquitanien – man kennt ihn auch unter dem volkstümlicheren Namen Wilhelm Kurznase –, der treue Waffengefährte Karls des Großen, vom Feldzug gegen die Mauren in Spanien zurückkehrte, traf ihn daheim die Nachricht vom Tode seiner Frau. Wilhelm zog sich daraufhin in die Einsamkeit der Cevennen zurück, wo er das Kloster Gellone gründete, das etwa einhundert Jahre nach dem Tode Wilhelms (er starb 812) den Namen seines Gründers annahm.

Von der karolingischen Kirche ist noch ein Teil im Westbau der bestehenden Kirche erhalten. Das Langhaus entstammt der frühen Romanik des 11. Jahrhunderts, der Chor mit einer Dreiapsidenanlage ist das Ergebnis einer Erweiterung, die im 12. Jahrhundert vorgenommen wurde. Vom Kreuzgang stehen noch zwei Flügel, die beiden abgebrochenen Flügel zieren heute das Museum of the Cloisters, eine Unterabteilung des Metropolitan Museum of Art in New York. Einige Architekturfragmente sowie ein mit Einlegearbeiten geschmückter romanischer Altar sind im ehemaligen Kapitelsaal ausgestellt. Der Besuch von Saint-Guilhem lohnt aber auch wegen der eindrucksvollen Lage des Klosters und des darum gruppierten Dorfes vor der Kulisse der verkarsteten Cevennen.

Saint-Martin-de-Fenollar Das Martins-Kirchlein nahe Le Boulou besitzt im rechteckigen Chor den einzigen Freskenzyklus des Roussillon aus romanischer Zeit. In zwei Streifen sind Szenen aus der Kindheit Jesu und die Greise der Apokalypse übereinander geordnet. Verblüffend ist die Frische der Farben. Der Stil dagegen ist etwas derb, fast bäuerlich und erreicht nicht das hohe künstlerische Niveau, das so viele der katalanischen Fresken jenseits der Pyrenäen auszeichnet.

Saint-Martin-de-Londres Neben Saint-Guilhem und Quarante ist diese Martinskirche das dritte bedeutende Denkmal der des «premier art roman» in der Languedoc. Das ursprünglich nur ein Joch (räumliche Einheit unter einem Gewölbe) tiefe Langhaus wurde im 19. Jahrhundert um ein zweites Joch nach Westen verlängert. Die

Das Kloster Saint-Michel-de-Cuxa in den Pyrenäen. Die Kirche der Anlage entstand bereits im 10. Jahrhundert und zeigt Elemente der westgotischen Architektur.

Ostpartie besteht aus drei gleich großen Absiden, die sich um das Vierungsquadrat (Schnittpunkt von Lang- und Querhaus) legen, eine für die südfranzösische Architektur der Romanik singuläre Grundrißlösung.

Saint-Martin-du-Canigou Ein etwa dreiviertelstündiger Aufstieg (Möglichkeit zur Jeepmiete in Vernet-les-Bains oder Casteil) führt auf der Westseite des Canigou-Massivs zu dem auch heute noch in völliger Abgeschiedenheit gelegenen Kloster. Die Kirche gehört zur Gruppe der frühesten eingewölbten Bauten und ist somit ein echter Gründungsbau der romanischen Kunst. Sie war im 19. Jahrhundert zur Hälfte zerstört und mußte in ihrer jetzigen Erscheinung rekonstruiert werden. Desgleichen war der einst zweigeschossige Kreuzgang nur noch ein Trümmerhaufen. Das untere Geschoß wurde unter Verwendung von Kapitellen aus der einstigen oberen Etage wieder aufgerichtet. Auf der Nordseite der Kirche wird dem Besucher das (heute leere) Grab gezeigt, das sich der Klostergründer, Graf Guifred von der Cerdagne, mit eigenen Händen aus dem Fels geschlagen haben soll. Gleich daneben ragt der lombardische Glockenturm auf, der als das älteste erhaltene Beispiel seiner Art in Südfrankreich gilt.

Saint-Michel-de-Cuxa Wenn auch der bauliche Kontext dieses einst bedeutendsten Pyrenäen-Klosters heute empfindlich gestört ist, blieb doch genug erhalten, um eine plastische Vorstellung vom Rang Cuxas zu bekommen.

Die Kirche, die im Kern ins 10. Jahrhundert und damit in vorromanische Zeit zurückreicht, zeigt das aus der westgotischen Architektur übernommene Motiv des Hufeisenbogens. Die Ostteile wurden unter dem berühmten Abt Oliba erweitert; aus dieser Zeit stammt der mächtige Glockenturm auf der Südseite, dem ursprünglich ein Zwillingsbruder auf der Nordseite entsprach. Zerstört ist auch die Rotunde, die Oliba der Kirche im Westen voranstellen ließ. Von ihr zeugt nur noch die kreisrunde Krypta, deren Ringtonne auf einer einzigen im Mittelpunkt des Raumes stehenden gemauerten Säule ruht.

Teile des Kreuzgangs wurden aus mühevoll wieder zusammengetragenen Fragmenten rekonstruiert. Eine vollständige Wiederherstellung war nicht möglich, weil zahlreiche Stücke nach dem Abbruch in die Vereinigten Staaten von Amerika verkauft wurden. Sie fanden im Museum of the Cloisters am Hudson River eine neue Heimat. Die aus rosa gestromtem Marmor gearbeiteten Kapitelle, die nur wenige biblische Sequenzen, dafür um so mehr orientalisierende Tierdarstellungen zeigen, wurden Vorbilder für eine ganze Generation von Portalen und Kreuzgängen im gesamten Roussillon.

Serrabone In weltabgeschiedener Einsamkeit wurde 1080 das kleine Priorat Notre-Dame gegründet. Die einschiffige Kirche erhielt im 12. Jahrhundert als Erweiterung auf der Nordseite ein Seitenschiff. Aus derselben Zeit (um 1159) stammen die offene Galerie auf der Südseite und die Chortribüne, die das Kircheninnere in zwei Hälften teilt. Aus rosa gestromtem Marmor gemeißelt, zeigen die Kapitelle und ihre dem Laienraum zugewandte Seite figürlichen und ornamentalen Dekor. Es ist ein Hauptwerk der in Cuxa beheimateten Bildhauerateliers.

Sète Erst 1666 gegründet ist Sète eine der jüngsten Städte Südfrankreichs. Sie markiert den End- beziehungsweise Ausgangspunkt des Canal du Midi, den der aus Béziers stammende Pierre-Paul Riquet als Verbindung zwischen Atlantik und Mittelmeer angelegt hat (er wurde allerdings nie fertiggestellt, sondern endet bei Toulouse). Obwohl der Kanal heute kaum noch wirtschaftliche Bedeutung hat, hat Sète nicht dasselbe Schicksal erlitten wie

Imposante Felsmauern umgeben den Ort Villefranche-de-Conflet in den östlichen Pyrenäen.

Aigues-Mortes, im Gegenteil, heute ist die Stadt mit einem jährlichen Umschlag von acht bis neun Millionen Tonnen Fracht der wichtigste Hafen Südfrankreichs nach Marseille. – Auf dem Seemannsfriedhof ruht der berühmteste Sohn der Stadt, der Dichter Paul Valéry (1871–1945).

Valmagne Das 1138 gegründete und sieben Jahre später dem Zisterzienserorden unterstellte Kloster erhielt nach der Mitte des 13. Jahrhunderts eine Kirche von den Ausmaßen einer Kathedrale. Mit 82 Meter Gesamtlänge ist sie tatsächlich die größte gotische Kirche des Midi und zugleich eines der wenigen Beispiele stilreiner Gotik in Südfrankreich. Leider befindet sich das Bauwerk in einem kläglichen Zustand. Bereits seit dem 19. Jahrhundert wird das säkularisierte Gebäude als Weinkeller genutzt, weshalb auch die meisten Fenster vermauert sind. Besser erhalten ist der stimmungsvolle Kreuzgang, dessen Mittelpunkt ein großzügig bemessenes Brunnenhaus bildet.

Villefranche-de-Conflent Wegen seiner verkehrstechnisch günstigen Tallage am Zusammenfluß von Têt, Cadi und Roja (von daher der Name Conflent) konnte sich Villefranche seit dem 11. Jahrhundert zum zweitwichtigsten Ort im Conflent neben Corneilla entwickeln. Die romanische Kirche im Zentrum des Ortes prunkt auf ihrer Nordseite mit zwei Marmorportalen. Die Stadtbefestigungsanlage sowie die auf der Anhöhe darüber aufsteigende Zitadelle wurden in ihrer heutigen Erscheinung erst unter Vauban im 17. Jahrhundert fertig.

Villeneuve-lès-Avignon Nachdem die Päpste in Avignon Residenz bezogen hatten, ließ Philipp der Schöne am anderen Ufer der Rhône Villeneuve ausbauen, um sich den Zugriff auf Avignon jederzeit zu sichern. Die Truppen des Königs wurden in dem gut befestigten *Fort Saint-André* stationiert, den Pont Saint-Bénézet sicherte der Brückenkopf der *Tour Philipp le Bel*. Am Fuße des Hügels, auf dem sich das Fort erhebt, entstand nach der Mitte des 14. Jahrhunderts ein *Kartäuserkloster*, dessen gewaltiger Umfang das Mutterkloster des Ordens in der Dauphiné übertrifft.

An die kleine gotische Kollegiatskirche Notre Dame, die von einem klobigen Verteidigungsturm überragt wird, ließ Arnaud de Via, der Neffe Johannes XXII., einen Kreuzgang anfügen, der zugleich die Verbindung zur Sommerresidenz des Kardinals herstellte. Derselbe stiftete der Kirche eine kostbare aus Elfenbein geschnitzte Madonna, die erst seit kurzem in dem neu eingerichteten *Musée Pierre de Luxembourg* zur Aufstellung gekommen ist. Dasselbe Museum besitzt mit der wundervollen Marienkrönung des Enguerrand Quarton (geb. 1410) ein weiteres Kunstwerk von Weltrang. Das in frischen Farben leuchtende Altarbild – es war für die Kartäuserkirche geschaffen worden – ist ein Hauptwerk der «Schule von Avignon».

Uzès Einst Sitz eines Herzogs und eines Erzbischofs, ist die heute wenig besuchte Stadt am Rande der Garrigue, einem Ausläufer der Cevennen, ein ergiebiges Ausflugsziel. Das *Herzogsschloß* umfaßt Bauteile aller Epochen: Dem 11. Jahrhundert entstammt der Bergfried, der das Kernstück der Anlage bildet, die Schloßkapelle ist gotisch, im äußeren Erscheinungsbild des Gesamtkomplexes kommt am deutlichsten die Renaissance zu Worte.

Die *Kathedrale* wurde im 17. Jahrhundert anstelle eines romanischen Vorgängers errichtet. Von der romanischen Substanz ist einzig der Glockenturm erhalten, die *Tour fenestrelle*, der in enger Anlehnung an Vorbilder Oberitaliens frei neben der Kirche steht und zudem, ein origineller Einzelfall im Rahmen der südfranzösischen Romanik, als Bruder des Schiefen Turms in Pisa eine runde Gestalt besitzt.

Die Stadt Uzès in den Cevennen. Den Mittelpunkt der Stadt, die einst Residenz eines Herzogs und Bischofssitz war, bilden heute die Kathedrale Saint-Theodorit und das Château Ducal.

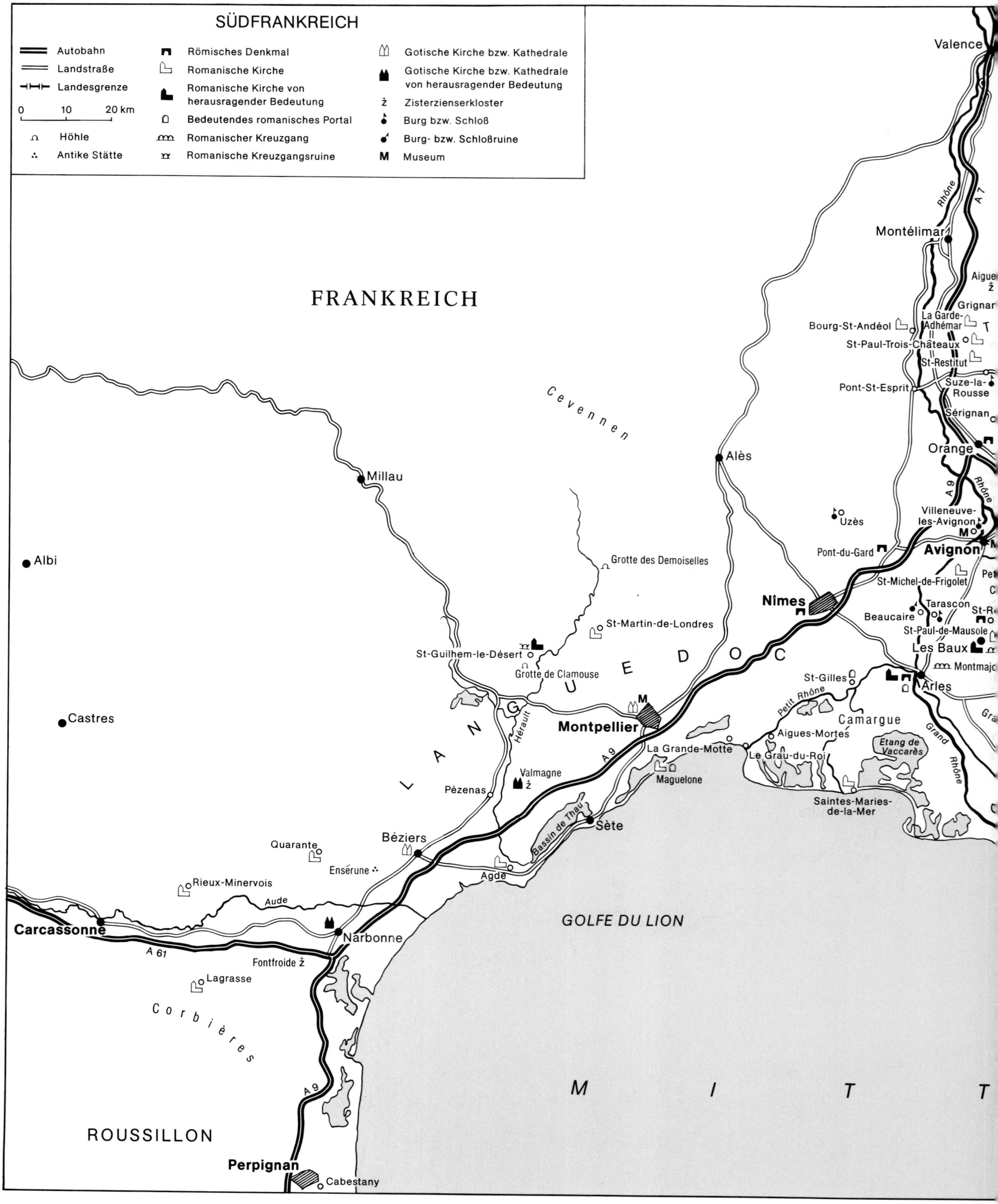
SÜDFRANKREICH
Autobahn
Landstraße
Landesgrenze
0 10 20 km
Höhle
Antike Stätte
Römisches Denkmal
Romanische Kirche
Romanische Kirche von herausragender Bedeutung
Bedeutendes romanisches Portal
Romanischer Kreuzgang
Romanische Kreuzgangsruine
Gotische Kirche bzw. Kathedrale
Gotische Kirche bzw. Kathedrale von herausragender Bedeutung
Zisterzienserkloster
Burg bzw. Schloß
Burg- bzw. Schloßruine
Museum
FRANKREICH
Valence
Montélimar
Rhône
A 7
Grignan
La Garde-Adhémar
Bourg-St-Andéol
St-Paul-Trois-Châteaux
St-Restitut
Pont-St-Esprit
Suze-la-Rousse
Sérignan
Orange
A 9
Villeneuve-les-Avignon
Avignon
Pont-du-Gard
Uzès
Alès
Cevennen
Millau
Albi
Castres
Grotte des Demoiselles
St-Martin-de-Londres
St-Guilhem-le-Désert
Grotte de Clamouse
St-Michel-de-Frigolet
Tarascon
Beaucaire
St-Paul-de-Mausole
Les Baux
Montmajour
Nîmes
Arles
St-Gilles
Petit Rhône
Camargue
Aigues-Mortes
Le Grau-du-Roi
La Grande-Motte
Etang de Vaccarès
Grand Rhône
Saintes-Maries-de-la-Mer
Maguelone
Montpellier
L A N G U E D O C
Hérault
Valmagne
Pézenas
Bassin de Thau
Sète
Béziers
Quarante
Ensérune
Agde
Rieux-Minervois
Aude
Carcassonne
Narbonne
A 61
Fontfroide
Lagrasse
Corbières
GOLFE DU LION
M I T T
ROUSSILLON
Perpignan
Cabestany

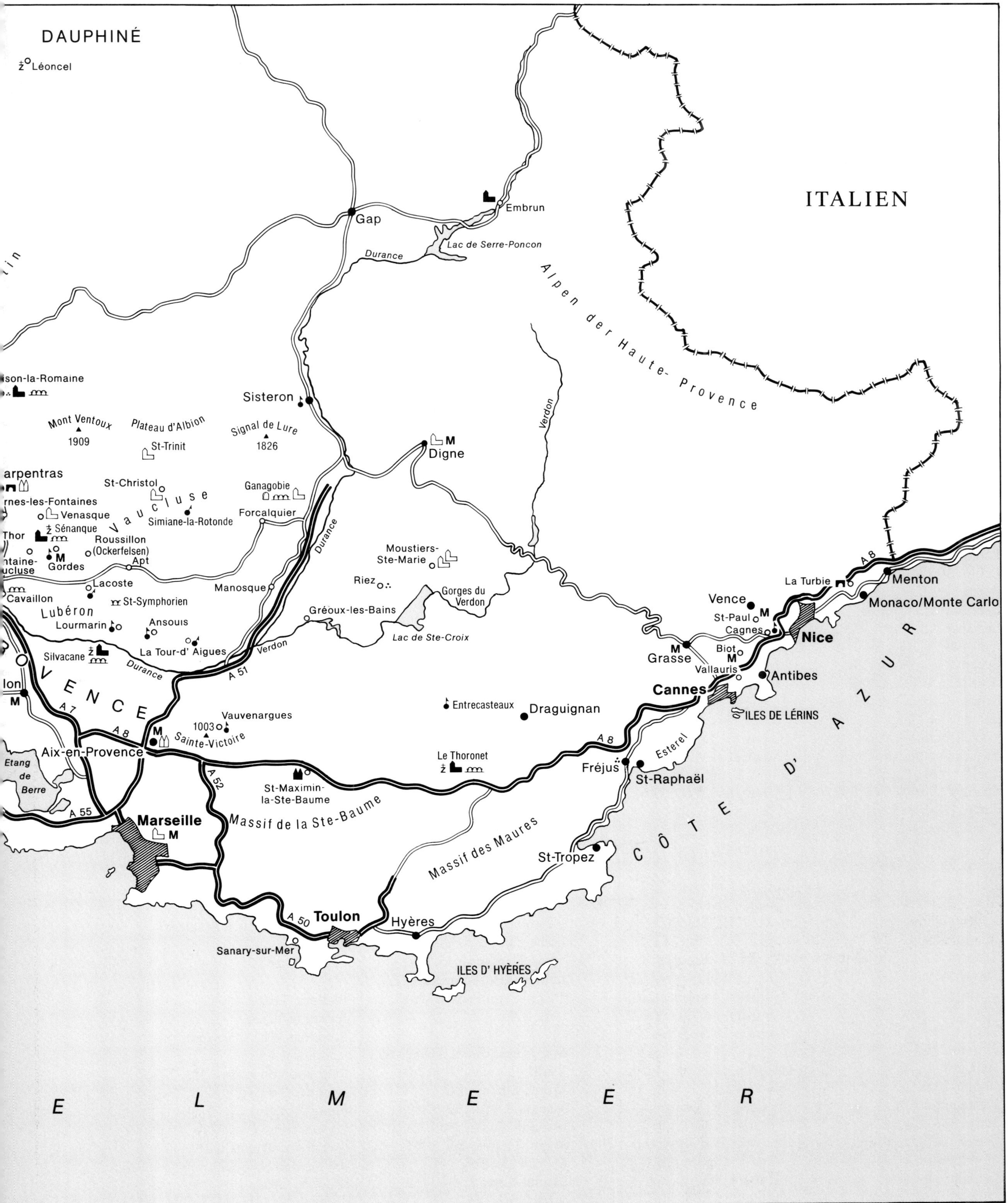
DAUPHINÉ
Léoncel
ITALIEN
Embrun
Gap
Lac de Serre-Poncon
Durance
Alpen der Haute-Provence
son-la-Romaine
Sisteron
Mont Ventoux
1909
Plateau d'Albion
St-Trinit
Signal de Lure
1826
Digne
Verdon
arpentras
St-Christol
Ganagobie
rnes-les-Fontaines
Venasque
Vaucluse
Simiane-la-Rotonde
Forcalquier
Thor
Sénanque
Roussillon
(Ockerfelsen)
Gordes
Apt
ntaine-
ucluse
Moustiers-
Ste-Marie
Riez
Gorges du
Verdon
Lacoste
Manosque
Cavaillon
St-Symphorien
Lubéron
Gréoux-les-Bains
Lourmarin
Ansouis
Lac de Ste-Croix
Silvacane
La Tour-d' Aigues
Verdon
Durance
A 51
lon
VENCE
A 7
A 8
Vauvenargues
1003
Sainte-Victoire
Aix-en-Provence
Etang
de
Berre
A 55
A 52
St-Maximin-
la-Ste-Baume
Massif de la Ste-Baume
Marseille
Entrecasteaux
Draguignan
Le Thoronet
A 8
Massif des Maures
A 50
Toulon
Hyères
Sanary-sur-Mer
ILES D' HYÈRES
St-Tropez
Fréjus
St-Raphaël
Esterel
Cannes
ILES DE LÉRINS
Grasse
Vence
St-Paul
Cagnes
Biot
Vallauris
Antibes
Nice
La Turbie
A 8
Menton
Monaco/Monte Carlo
CÔTE D' AZUR
ELMEER

Register

Kursive Ziffern verweisen auf Abbildungen.

Personenregister

Ägidius, Kaufmann aus Athen 230
Ahenobarbus, Gnaius Domitius 15
Alfons III., König 183
Anton, Marc 15
Aubanel, Theodore 133
Aubert, Etienne s. Innozenz VI., Papst
Augustus, röm. Kaiser 15, *27*, *29*, 218, 229
Aznavour, Charles 219

Bac, Ferdinand 215
Baebius, Lucius 9 f.
Baier, Lothar 183
Bardot, Brigitte *76*, 219
Barrès, Maurice 130
Bazille, Frédéric 225
Benedikt XI., Papst 66
Benedikt XII., Papst *37*, *67*, 68, 224
Benedikt von Nursia 210
Benjamin, Walter 180 ff.
Bernhard von Clairvaux 220
Bertrand de Got s. Clemens VI., Papst
Birgitta von Schweden 68
Bonifaz VIII., Papst 65 f., 218
Bonnard, Pierre 79, 219
Bosco, Henri *135*, 143, 171
Braque, Georges 79, 219
Bréa, Louis 201 f.
Brecht, Bertold 180 f.

Cäsar, Gaius Julius 15
Calder, Alexander 219
Calvin, Johannes 68
Calvinus, Gaius Sextius 10
Camus, Albert 171
Caravaggio, Michelangelo da 79
Carrière, Jean 179, 183
Cézanne, Paul *72*, 79, 136, 143, 180, 201
Chagall, Marc 217, 219 f.
Chalon, Jean 169
Clemens IV., Papst 218
Clemens VI., Papst *66*, *67*
Cocteau, Jean *73*, 215
Cœur, Jacques 68 f.
Courbet, Gustave 225

Dante Alighieri 68
David-Néel, Alexandra *134*, 169, 207
Daudet, Alphonse *103*, *133*, 134 ff.
Delacroix, Eugène 225
Diokletian, Gaius Aurelius, röm. Kaiser 43
Dumas, Alexandre 215
Dufy, Raoul 79, 219
Durant, Marie 221

Ernst, Max *74*, 79

Fabre, Jean-Henri 131 ff., *131*
Feuchtwanger, Lion *134*, 180 f.
Flaccus, Marcus Fulvius 10
Flaubert, Gustave *164*, 215
Fonda, Jane 219
Fournier, Jacques 224
France, Anatole *164*, 215
Franz von Assisi 132
Friedrich I., Barbarossa 44
Friesz, Othon 219
Froment, Nicolas 201

Gama, Vasco da 70
Garnier, Charles 216
Giacometti, Alberto 219
Gide, André 170
Giono, Jean 130, 169 f., 183, 210
Giotto 79
Giovanetti, Matteo da Viterbo 202
Götze, Karl-Heinz 130
Gogh, Vincent van *61*, *70*, 79, 136, 143, 170, 201 f.
Gogh, Theo van 136
Gregor XI., Papst 68
Greuze, Jean-Baptiste 225
Grimaldi, Francesco 216
Grimaldi, Jean-Henri 202
Grünewald, Matthias 229

Handke, Peter 180
Hannibal 9
Heinrich II., König von Frankreich *156*, 201
Heinrich IV., König von Frankreich 69, 220
Hepburn, Audrey 219
Hitler, Adolf 180 f.

Homer 133, 170
Honoratius, christl. Heiliger 210

Innozenz III., Papst 65
Innozenz VI., Papst *37*, *67*

Jakob der Eroberer, König 228
Jakobus der Ältere, Apostel 50
Johannes XXII., Papst 202, 232
Jotra, Peter 130

Karl I., der Große, röm. Kaiser 43 f., 225, 230
Karl IV., röm.-dt. Kaiser 44
Karl V., röm.-dt. Kaiser 44
Karl VII., König von Frankreich 68
Karl I. von Anjou 65, 218
Karl II. von Anjou 65, 218
Katharina, christl. Heilige von Siena 68
Kerr, Alfred 180
Kleopatra, Königin von Ägypten 15
Koeppen, Wolfgang 130
Kolumbus, Christoph 70
Konstantin, der Große, röm. Kaiser 42, 223

Le Fort, Gertrud von 130, 220
Léger, Fernand *74*, 79, 202
Licinius, Valerius, röm. Kaiser 42
Liszt, Franz *164*, 215
Lothar I., fränk. Kaiser 43
Ludwig VIII., König von Frankreich 65
Ludwig IX., der Heilige, König von Frankreich 65, 220
Ludwig XIV., Sonnenkönig, König von Frankreich 69, 93, 219

Magdalena, christl. Heilige 65, 218
Magre, Maurice 182
Maillol, Aristide 229
Mann, Heinrich 180 f.
Mann, Thomas 180
Marcuse, Ludwig 180
Marius, Gaius 15
Martell, Karl 43

Matisse, Henri *75*, 79, 121, 217, 220, 222
Medici, Katharina de 201
Mendelsohn, Peter de 170
Mérimée, Prosper 222, 225
Mill, John Stuart 132
Mirò, Joan 219
Mistral, Frédéric *132*, 133 f.
Molière 229
Moreau, Jeanne 219
Morus, Thomas 132

Napoleon I., Bonaparte, Kaiser von Frankreich 215
Napoleon III., Kaiser von Frankreich 202
Nelli, Francesco 135
Nietzsche, Friedrich 172, 215
Nostradamus 201

Oktavian, Cäsar s. Augustus, röm. Kaiser
Otto IV., dt. König 65

Pagnol, Marcel *135*, 136, 143
Petrarca, Francesco *35*, 68, 135, 209
Peyronnet, Marie-Madeleine 169
Philipp II. August, König von Frankreich 65
Philipp IV., der Schöne, König von Frankreich 66, 202, 232
Philipp von Schwaben, dt. König 65
Phyteas 8
Picasso, Pablo *20*, *73*, 79, 201, 216, 219 f.
Pompeius, Gnäus P. Magnus 15, 210
Puget, Pierre 70

Raddatz, Fritz J. 180 f.
Raimund VI. 65
Raimund VII., Graf von Toulouse 65
Raimund von Bianya 223, 229
René der Gute, König 201, 219 f.
Renoir, Auguste *71*, 79, 202
Riquet, Pierre Paul *87*
Robert von Anjou 202
Ronzen, François 218
Rouault, Georges 79
Roumanille, Joseph 133

Sagan, Françoise 219
Sand, George *164*, 215
Schickele, René 130, 180 f.
Seurat, Georges 79, 219
Signac, Paul 79, *157*, 219
Stendhal 143
Süskind, Patrick 209
Suffren, Pierre-André 219

Talleyrand-Périgord, Charles Maurice de 217
Theoderich der Große, König der Ostgoten 42
Tiberius 218

Valéry Paul *133*, 232
Vasarely, Victor *37*
Vauban, Sébastien le Prestre 201
Vauvenargues, Luc de Clapier 216
Vernent, Joseph 202
Via, Arnaud de 232
Vidal, Peire 182
Viollet-le-Duc, Eugène-Emmanuel 222
Virgil 136
Vlaminck, Maurice de 219
Vuillard, Edouard 219

Werfel, Franz 180
Wilhelm I. von Nassau 217
Wilhelm III., König von England 217
Wilhelm von Nogaret 66
Wilhelm von Orange *81*, 230

Zweig, Arnold 180

Orts- und Sachregister

Agde *8*, *93*, 220, 230
- Hafen *93*
- Kathedrale Saint-Etienne 221
Aigues-Mortes 130 f., 220 f., 232
- Befestigungsmauer 221
- Tour de Constance 221
Aiguesbelle 143, 169
Aix-en-Provence 10, *10*, *51*, 65, 69, *72*, 79, 136, 180, 201, *203*, 216
- Kathedrale 201
- Musée des Beaux Arts 136, 201
- Parlament 172
- Pavillon Vendôme *33*, *101*, 201
- Rathaus 201
- Stadtpalais 69
- Taufkapelle 201
Albi 65
Alpes-Maritimes s. Seealpen
Alpilles 101, 201, 207
- Saint-Gabriel 201
- Saint-Paul-de-Mausole 201
- Saint-Sixte 201
Angoumois 50
Ansouis 70, 210
Antibes 8, 98, *152*
- Hafen *156*
- Musée Archéologique 201
- Musée National Pablo Picasso *43*, 201
Apt 201, 218
- Sainte-Anne 201
Aquitanien 6, 44, 49, 65
Ardeche *106*
Arles *7*, 15, *36*, 42, 48 ff., 50, 69, 79, 136, 201, *202*, *205*, 216
- Amphitheater 15, *25*, *67*, 201
- Konstantin-Thermen 201
- Musée d'Art Chrétien 201
- Place de la Republic *57*
- Place du Forum 133
- Saint-Trophime 55, 201
- Theater *42*, 201
Arles-sur-Tech 221
- Sainte-Marie 221
Aude 222
Auverne 46, 49 f., 55
Avignon *52*, 66, 68 f., *68*, *69*, 134 f., *177*, *178*, 183, 202, *204*, *205*, 207, 209, 224, 232
- Ile de la Barthelasse 202
- Kathedrale 202
- Musée lapidaire 202
- Musée Calvet 202
- Papstpalast *37*, *66*, *67*, 68, 202, 218
- Saint-Agricole 202
- Saint-Didier 202
- Saint-Pierre 202
- Sammlung Campagne 202
- «Schule von Avignon» 201, 232
- Stadtmauer 202

Banyuls 221
Barock 68 ff.
Beaucaire 102, 220
- Notre-Dame-des-Pommiers 220
Beaulieu 109
Béziers 48, 65, *87*, 97, 108, 221, 223, *223*, 230
- Allee Pierre-Paul-Riquet 221
- Canal du Midi *87*
- Pont Vieux *87*
- Saint Nazaire *87*
Biot 202
- Musée National Fernand Léger 202
Bonnieux *35*, 210
Bonpas 169
Bormes-les-Mimosas *188*
Borries *102*
Boscodon 169
Bourg-Saint-Andéol 222
- Basilika 222
Brignoles *64*

Cabestany 222
- Pfarrkirche 222
Cadarache 130
Cagnes *71*, 202, *207*
- Les Colette (Renoir-Gedenkstätte) 202
Calanque d'en Vau *145*
Camargue *61*, 97, 101 f., 119, 130, 179, 224, 230
Canal-du-Midi 231
Cannes *77*, 97 f., 109, *114*, *149*, *154/155*, *158*, *179*, *206*, 220
- Hotel Carlton *158*
Cap d'Antibes 109
Cap Croisette *149*
Carcassonne 108, *126/127*, 222
- Saint-Nazaire 222
Carnon 129
Carpentras *197*, 207, 218
- Saint-Siffrein 207
- Synagoge 207
Castellone *104*
Cavaillon 201, 207, 210
- Saint-Véran 207
Cerdagne 224
Céret 221
Cevennen 6, *81*, 97, 107, 172, 224, 230, 232
Chapelle-du-Val-des-Nymphes 131
Cirque de Mourèze *81*
Clermont l'Hérault *81*
Collioure 79, *122/123*, 222
- Saint-Vincent *121*
- Château Royal *122/123*
Corbières 108, 222 ff., 224
- Alet-les-Bains 223
- Lagrasse 223
- Saint-Hilaire 223
- Saint-Martin-des-Puits 223
Corneilla-de-Conflent 223, 232
Corniche de l'Esterel *148*, *153*
Côte d'Azur *20*, 79, 97 f., 102, 108, *150 f.*, *153*, *165*, 188, 202, 207, 215, 219
Côte Vermeille 97 f., 121, 221
Coulon 201
Coustouges 223
- Sainte-Marie 223
Crau 101, 133 f., *138*, *139*, 201
Cuers *34*

Départements
- Alpes de Haute-Provence 207
- Alpes-Maritimes 119
- Ardèche 6
- Gard 6
- Hérault 6
- Lozère 6
- Var 6
Digne 169, *200*, 207
- Kathedrale 207
Dolmen (Hühnengräber) 6
- Pierre de la Fée 6
Durance 48, 97, 101, 170, 172, 183, *185*, 201, 207, 209

Eguilles 207
Elne 223, *224*, 228
Ensérune 9, 223
- Archäologisches Museum 223
Entremont 9 f., 201, 223
- keltische Siedlung 9
Etang del'Ayrolle 93
Etang de Berre *157*, 207

Etang de Vacarrès 179, 224
Eure 228 f.
Eygalières *104*, 201

Fauvismus 79, 121, 219, 222
Fontaine-de-Vaucluse 119, 135, 207 f.
Fontfroide 169, 224, *225*
Font-Romeu 224
- Llo, Hix, Ur, Planes (romanische Kirchen) 224
Fontvieille *103*, 135
Forcalquier 209, 216
- Franziskaner Konvent 209
- romanische Kirche 209
Fréjus 98, 209
- Baptisterium 209
- Bischofspalast 209
- Forum Julii 209

Ganagobie 55, 209
- Fußbodenmosaik 55, 209
- Kloster 209
Garrique 107 f., 131, 230
Giens 210
Glanum *27*, 201
Golfe de Fos 129
Golfe de Juan 210
Golfe de Napoule 210
Golfe du Lion 102, 210
Gordes *38/39*, *102*, 119, 209, 219
- Vasarely-Museum 209
Gotik 47, 55 ff., 207, 222, 224, 228
- Stilelemente 65 f.
Gourdon *99*
Grasse *140*, *141*, *172*, *190*, *191*, *208*, 209
- Fragonard-Museum 209
- Kathedrale 209
- Place aux Aires *186/187*
Gréoux-les-Bains 209
Grignan 70, 220
Griussau *93*

Hérault *93*
Hyères 97, 109, *143*, 210

Ile de France 8, 47, 228
Ile Sainte-Maguerite 210
Ile Saint-Honorat 210
Impressionismus 79

Karthago 9
Klima 98, 108 f., 182
Kubismus 79, 219

La Ciotat *156*
Lac de Montady 48, 224
Lacoste 210
La Garde-Adhémar 49, 130 f., 220
La Grande-Motte 119, 131
La Motte d'Aigues *209*
Languedoc 6 ff., 42 ff., 46 ff., 50, 55, 68 f., 97, 102, 108 f., 129, 220 ff., *222*
La Tour-d'Aigues 70, 210
La Turbie *42*, 210
Le Boulou 230
Le Grau-du-Roi *57/58*, 131
Lérins-Inseln 210
- Monastère fortifié (Wehrturm) 210
Les-Baux-de-Provence 101, 182, 201
Les Milles 181
Le Thor *48*, 210, *210*
- Notre-Dame-du-Lac
Le Thoronet *50*, 169, 220
Lot 6
Lourmarin 70, 171, *171*, 210, *215*
Lubéron *35*, 70, 101, 171, 207, 210, 218
Lure 169 f.

Magdalenen-Reliquien 65 f., 218
Maguelone 225, 230
- Kathedrale *48*, 225
Maillane 133
- Mas de Juge 133
Malaucène *35*, 217
Manosque 130, 169 ff., 210
- Notre-Dame 210
- Saint-Sauveur 210
Marcoule 130
Marina-Siedlungen 115
- Marina-Baie-des-Anges 115
- Cannes-Marina 115
- Logolin 115
- Port-Camargue 115
Marseille 8, 10, 15, *34*, 48, 68 f., 70, 79, *92*, 97 f., 109, *111*, *116*, *149*, *151*, *180*, 210, *211*, *214*, 215
- Canebière 215
- Château d'If 215
- Alte Hafen 215
- La Major 215
- Musée Borély 215
- Notre-Dame-de-la-Garde 215
- Saint-Charles 215
- Saint-Victor 215
Martigues *157*, 207
Ménerbes 210
Menton 69, 79, 97 f., 109, 115, *212*, 215 f.
- Cocteau-Museum *164*
- Hafen *165*
- Monographisches Museum 215
- Saint-Michel 216
- Villa Les Colombières
Midi 6, 44, 65, 68 f., 70, 79, 97, 102, 108, 115, 119, 228
Monaco/Monte Carlo 98, 109, *114*, *115*, *163*, *165*, 207, *215*, *217*
- Anthropologisches Museum 216
- Botanischer Garten *168*, 216
- Palais du Prince *162*
- Place de la Visitation *162*
Monastir-del-Camp 225
Mondragon 130
Montagne de Lure 216
- Notre-Dame-de-Lure 216
Montagne-Sainte-Victoire 216
- Château Vauvenargues 216
Montagnette 48
Mont Cavalier *28*, 228
Monte Carlo s. Monaco
Montélimar 97
Mont Louis 224
Montmajour 48, 216 f.
- Saint-Croix 217
- Saint-Michel-de-Frigolet *36*, 48
- Saint-Pierre 217
Montpellier 65, 68 f., 70, 97, 129, 135, *174*, 179, 225, *226*, *228*
- Arc de Triomphe *93*, 70, 225
- Château d'Eau 70
- Jardin des Plantes (Botanischer Garten) 225
- Kathedrale 66, 225
- Musée Fabre 225
- Promenade du Peyrou 225
- Reiterdenkmal Ludwig XIV. 70, 225
Mont Ventoux *35*, 100, 130, 217
Moustiers-Sainte-Marie *200*, 217
- Notre-Dame-de-Beauvoir 217
- Sainte-Marie 217

Narbonne *14*, 15, 47, 50, *86*, 107 f., 210, 223, 225, *227*, 228, 230
- Herzogtum Narbonne 65
- Musée lapidaire *87/88*
- Palais des Archevêques *96*, 228
- Saint-Just 65, 228
- Saint-Paul-Serge 228
Nesque 217
Nîmes 15, *49*, 69 f., 97, 108, 179, 181, 228 f., *229*
- Amphitheater *12*, *24*, *25*, 228
- Castellum Divisorium 228
- Jardin-de-la-Fontaine *29*, 70, *176*, 228
- Maison Carrée *29*, 228
- Porte d'Auguste *11*, 228
- Temple de Diane *29*, 228
- Tour Magne *28*
- Wappen von Nîmes 15
Nizza 8, 69, *78*, 98, *100*, 109, *112*, *113*, *114*, *118*, *137*, *154/155*, *176*, 182, 201, 207, 217
- Archäologisches Museum 217
- Cimiez *8*, 217
- Hafen *159*
- Hotel Negresco *159*
- Musée Matisse 217
- Musée National Marc Chagall 217
- Promenade des Anglais 109, 159
- Villa Masséna 217

Odeillo 224
Op Art *37*, 201
Oppède-le-Vieux 210
Orange 15, *20*, *40*, 217
- Monumentaltor *26*, 130, 218

- römischer Tempel 15
- Römisches Theater 15, *26*, 218
Orden, christliche
- Benediktiner 49
- Chalaisianer 169, 216, 220
- Clunazienser 50
- Dominikaner 65, 218
- Kartäuser 169
- Templer 66
- Zisterzienser 49, 169, 210, 216, 219 f., 224, 232

Palavas 129
Périgord 6
Pernes-les-Fontaines 218
- Tour Ferrande 218
- Notre-Dame-de-Nazareth 218
Perpignan 48, 50, *55*, 65, 97, 115, 221, 225, *226*, 228
- Le Castillet (Museum für Volkskunde und Brauchtum des Roussillon) *124*
- Palast der Könige 228
- Saint-Jean *125*, 229
Pézenas 69, *91*, 229, *229*
- Hôtel d'Alphonse *90*
- Hôtel Lacoste *91*
Pierrelatte 130
Pointillismus 219
Poitou 49 f.
Pont d'Arc *84/85*
Pont de Langlois *61/62*
Pont du Gard 6, *22/23*, 70, 229
Pont-Saint-Esprit 229
Port-de-Bouc 182
Port-Grimant *146/147*
Port-Saint-Louis 202
Port-Vendres 220
Provence 6 ff., 42 ff., 47, 49, 55, 65, 68 f., 79, 97 ff., 108 ff., 130, 133, 136, 171, 183, 201 ff.
Pyrenäen 6, 43 f., 46, 97, 107 f., 182, 223

Quarante 46 f.
- Sainte-Marie 46, 229
Quercy 6, 65

Remoulins *22/23*
Renaissance 68 ff., 79, 210, 230
Rhône 43, 47 f., 101, 130, 134 f., 172, 183, 202, 220 f., 229, 232
- Rhône-Saône-Becken 8
- Rhônetal 8, 15, 97, 100, 102, 108, 131
- Rhôneterrasse «Costière du Gard» 101
- Mündungsdelta der Rhône 101
Rieux-Minervois 230
- L'Assomption-de-Notre-Dame 230
Riez *9*, 218
Riviera 109, 115
Romanik 44 ff., 65, 201, 222, 230 f.
- romanische Stilelemente 44, 46
Romans *192/193*
Roussas 131, 136, 143
Roussillon 44, 46 f., 50, 97, 108, 119, 124, 218, 220 ff., 222, 228, 230 f.
Roussillon (Ortschaft) *21*, *107*, *218*

Saint-André-de-Sorède 230
Saint-Blaise 207
Saint-Chamas 207
Saint-Christol 169
Saint-Cyprien-Plage 221
Sainte-Croix 217
Sainte-Estelle 133
Saintes-Maries-de-la-Mer *62/63*, 102, 134, 230
Sainte-Victoire 171
Saint-Genis-des-Fontaines 50, 230
Saint-Gilles 50, 55, 65, 230
- Abteikirche *32*, *33*, 230
Saint-Guilhem-le-Désert *45*, 47, *82/83*, 230
Saint-Martin-de-Fenollar 230
Saint-Martin-du-Canigou 44 f., 47, *47*, *128*, 231
Saint-Maxim-la-Sainte-Baume 65, 218
Saint-Martin de Londres 230 f.
- Kloster 65
Saint-Michel-de-Cuxa 44, 46, 231, *231*
Saint-Michel-de-Frigolet 48, 133
Saintonge 49 f.
Saint-Paul-Trois-Châteaux 220
Saint-Paul-de-Vence *173*, 218 ff.
- Museum Fondation Maeght 219
Saint-Raphael 98, 109, *149*, 219
- Archäologisches Museum 219
- Wehrkirche 219
Saint-Rémy-de-Provence 8, 136, 201
- Heilanstalt 79
- Juliermonument *27*
- Musée Arlatan 136
Saint-Restitut 220
Saint-Symphorien-du-Buoux 210
Saint-Tropez 109, 112, 145, 207, 219, *219*
- Hafen *157*
- Musée de l'Annonciade 219
Salon-de-Provence 101, 207
- Château Bas 207
- Château de l'Emeri 207
- Militärmuseum
- Saint-Michel 207
Sanary-sur-Mer *150*, *151*, 180
Saorge *198/199*
Sault 169, 217
Seealpen 97, *189*
Sénanque 169, 219, *220*
- Zisterzienserkloster 219
Sérignan-du-Comtat *131*, 132 f.
Serrabone *46*, 230
- Notre-Dame 230
Sète *92*, *113*, *181*, 230 f.
Silvacane 169, 220
Simiane-la-Rotonde 169
Sisteron 216, 220
- Zitadelle *185*, 220
- Kathedrale 220
Sorque 207
Sospel 188
- Saint-Michel *189*
Suze-la-Rousse 220

Tarascon 102, 220 f., *222*
Toletino, Frieden von 68
Toulon *54*, 69, 97 f., 150
Tourettes-sur-Loup 119
Tricastin 220
Tropfsteinhöhlen
- Grottes de Clamouse 224
- Grottes des Desmoiselles 224
Uttelle *189*
Uzès 230, *233*
- Herzogschloß 232
- Kathedrale 232
- Tour fenestrelle 232

Vaison-la-Romaine 49, *105*, 143, *177*
Valbronne 169
Valence 130
Valensole *195*, *196*
Vallauris *73*, 79, 220
Vallon-Pont-d'Arc *84/85*
Valmagne 169, 232
Valsaintes 169
Vauvenargues *20*, 216
Vegetation 98 ff., 108
Venaissin *21*, 68, 207, 218, 220
Venasque *21*, 220
Vence *75*, 183, 220, *221*
- Chapelle de Rosaire 79, 220
- Saint-Véran 220
Ventabren 207
Verdon 97, 217
- Gorges du Verdon *98*, 209
Vézère 6
Vézelay 65
Via Agrippa 15
Via Aurelia 15
Via Dometia 15
Via Tolosana 50, 230
Vienne 130
Villefranche-de-Conflent *105*, *165*, *232*
Villefranche-sur-Mer *216*
Villeneuve-lès-Avignon 169, 202, 232
- Val de Bénédiction *37*
- Fort-Saint-Andre 232
- Musée Pierre de Luxembourg 232
- Pont-Saint-Bénézet 232
- Tour Philipp le Bel 232
Villemolaque 225
Vouillé, Schlacht von 42

Wintersportzentren 119
- Isola 2000 119
- Le-Foux-d'Allos
- Merlette 119
- Orcières 119
- Pra-Loup 119

Quellen- und Bildnachweis

Lothar Baier: *Die große Ketzerei – Verfolgung und Ausrottung der Katharer durch Kirche und Wissenschaft.* Klaus Wagenbach Verlag, Berlin 1984.
– *Jahresfrist.* S. Fischer Verlag, Frankfurt am Main 1985, S. 223.
Henri Bosco: *Der Hof Theotime.* Felischhauer und Spohn Verlag, Stuttgart 1982, S. 9 f.
– *Die schlafenden Wasser.* Ullstein Verlag, Berlin und Wien 1985, S. 33.
Albert Camus: *Der Fremde.* Karl Rauch Verlag, Düsseldorf 1967.
Jean Carrière: *Der Sperber von Maheux.* Verlag Das Wunderhorn, Heidelberg 1980, S. 12.
– *Der Preis.* Verlag Das Wunderhorn, Heidelberg 1988, S. 251.
Jean Chalon: *Alexandra David-Néel – Das Wagnis eines ungewöhnlichen Lebens.* Langen-Müller Verlag, München und Wien 1987.
Sidonie-Gabrielle Colette: *Die Erde mein Paradies.* Mit freundlicher Genehmigung des Paul Zsolnay Verlages Wien/Darmstadt.
Alphonse Daudet: Das Maultier des Papstes, aus: *Briefe aus meiner Mühle.* Goldmann Verlag, München o.J., S. 38.
Alexandra David-Néel: *Mein Weg durch Himmel und Höllen.* Scherz Verlag, Bern, München und Wien 1986.
– *Heilige und Hexer – Glaube und Aberglaube im Lande des Lamaismus.* Brockhaus Verlag, Wiesbaden 1984.
– *Liebeszauber und schwarze Magie.* Sphinx Medien Verlag, Basel 1988.
Thorsten Droste: *Die Provence – Ein Begleiter zu den Kunststätten und Naturschönheiten im Sonnenland Frankreichs.* DuMont Verlag, Köln 1986.
Fritz Erpel (Hrsg.): *Als Mensch unter Menschen – Vincent van Gogh in seinen Briefen an den Bruder Theo.* Henschel Verlag, Berlin 1959.
Lion Feuchtwanger: *Der Teufel in Frankreich.* S. Fischer Verlag, Frankfurt am Main 1986, S. 76.
Jean Giono: *Bergschlacht.* S. Fischer Verlag, Frankfurt am Main o.J., S. 233 f.
– *Der Berg der Stummen.* Fischer Verlag, Frankfurt 1984.
– *Mort du Blé – Tod des Getreides.* dtv Verlag, München 1974.
Karl-Heinz Götze: Lesereise durch die Provence, in: *Provence – Ein Reisebuch.* Ellert und Richter Verlag, Hamburg 1987, S. 5.
Hans Graber (Hrsg.): *Vincent van Gogh. Briefe an Emile Bernard, Paul Gauguin, Paul Signac und andere.* Benno Schwabe Verlag, Basel 1938.
Kurt Guggenheim: *Sandkorn für Sandkorn – Die Begegnung mit Jean-Henri Fabre.* Huber Verlag, Frauenfeld 1979.
Kurt Guggenheim und Adolf Portmann (Hrsg.): *Das offenbare Geheimnis – Aus dem Lebenswerk des Insektenforschers J.H. Fabre.* Artemis Verlag, Zürich und München 1987, S. 11.
Peter Handke: *Die Lehre der Sainte-Victoire.* Suhrkamp Verlag, Frankfurt am Main 1980, S. 21 und S. 33.
Horst Heintze (Hrsg.): *Francesco Petrarca – Dichtung und Prosa.* Rütten und Loening Verlag, Berlin 1968, S. 367.
Zbigniew Herbert: *Ein Barbar in einem Garten.* Suhrkamp Verlag, Frankfurt am Main 1965, S. 58.
Peter Jokostra: *Südfrankreich für Kenner.* Langen-Müller Verlag, München und Wien 1979, S. 5.
Wolfgang Koeppen: *Reisen nach Frankreich.* Suhrkamp Verlag, Berlin 1981, S. 40.
Gertrud von Le Fort: *Der Turm der Beständigkeit.* Insel Verlag, Wiesbaden 1957, S. 8.
Maurice Magre: *Das Blut von Toulouse – Roman eines Lebensweges im 13. Jahrhundert.* Edition Tramontane, Bad Münstereifel 1987, S. 9 f.
– *Smaragdfeuer oder die Liebe des Narren – Märchenroman einer Graleinweihung in den Pyrenäen.* Edition Tramontane, Bad Münstereifel 1986, S. 10.
Peter de Mendelsohn: Nachwort zu Jean Gionos Roman Ernte. S. Fischer Verlag, Frankfurt am Main 1978.
Frédéric Mistral: *Œuvres complètes.* Marcel Petit. Raphèle-Lès-Arles 1979, S. 3.
Josef Müller-Marein, Alfred Pletsch: *Südfrankreich.* Bucher Verlag, München und Luzern 1979.
Marcel Pagnol: *Marcel – Eine Kindheit in der Provence.* by Albert Langen, Georg Müller Verlag in der F.A. Herbig Verlagsbuchhandlung GmbH München.
Marie-Madeleine Peyronnet: *Dix ans avec Alexandra David-Néel.* Librairie Plon, Paris 1987.
Fritz J. Raddatz: Paradies im Schatten, in: Merianheft 5, XXXIX, *Provence.* Hoffmann und Campe Verlag, Hamburg 1986.
René Schickele: *Die Witwe Bosca.* Ullstein Verlag, Frankfurt am Main, Berlin und Wien 1985, S. 9.
Johanna Schopenhauer: *Erinnerungen von einer Reise in den Jahren 1803, 1804 und 1805.* o.O. 1813–1817.
Stendhal: Mémoires d'un touriste, in: *Licht der Provence*, hrsg. von Ingeborg Tetzlaff. DuMont Verlag, Köln 1978, S. 120.
Franz Wellner: *Die Troubadours – Leben und Lieder.* Dieterich'sche Verlagsbuchhandlung, Leipzig 1942.

Wir danken allen Rechteinhabern und Verlagen für die freundliche Erlaubnis zum Nachdruck. Trotz nachdrücklicher Bemühungen war es aber nicht möglich, alle Rechteinhaber zu ermitteln. Wir bitten diese, sich an den Verlag zu wenden.

Archiv für Kunst und Geschichte, Berlin: S. 72, 131, 132 l.
Bildarchiv Bucher, München: S. 68, 69, 115 (2)
Bildarchiv Preußischer Kulturbesitz, Berlin: S. 66, 73 o., 75
Thorsten Droste, Tutzing: S. 48 (2), 67 u., 202 l., 210, 220
Editions Gilletta, Nice: S. 118, 140 o.
Musée d'Art et d'Histoire de Provence, Grasse: S. 140 u., 141 (2)
Ringier Dokumentationszentrum, Zürich: S. 70, 73 u., 74 (2), 76 (2), 77, 78, 134 r.
Roger-Viollet, Paris: S. 67 o., 71, 112 (2), 113 (2), 114 (2), 116/117, 132 r., 133, 134 l., 135 (2), 137, 138 (2), 139, 142
Aus: Hubert Juin, La France 1900 vue, par les frères Seeberger, Editions Belfond, Paris; © VG Bild-Kunst, Bonn, 1989: S. 111

Alle übrigen Abbildungen: Martin Thomas.

Die Karte auf S. 234/235 wurde von Astrid Fischer, München, angefertigt.

Martin Thomas fotografiert mit Minolta Dynax 7xi Autofocus-Kameras und benutzt Objektive von 16 bis 300 mm.